Hans Bender
Zukunftsvisionen, Kriegsprophezeiungen,
Sterbeerlebnisse

SERIE PIPER

Parapsychologie als jüngere wissenschaftliche Disziplin beschäftigt sich mit den okkulten Erscheinungen, d. h. mit außersinnlichen Wahrnehmungen, für die die traditionelle physikalische oder psychologische Wissenschaft keine befriedigende Erklärung anzubieten vermag. Das Klima einer rationalistisch geprägten Zivilisation hat begünstigt, daß sich in den letzten Jahren zunehmend auch das Interesse der Öffentlichkeit jenen Phänomenen zuwandte, die »man nicht erklären kann«.

Hans Bender, der Freiburger Parapsychologe, setzt sich in den vorliegenden Untersuchungen mit einer Reihe ganz unterschiedlicher Fälle von außersinnlicher Wahrnehmung auseinander, die teils historisch überliefert, teils von ihm selbst recherchiert, beobachtet und protokolliert worden sind. Einen Charakterzug haben aber alle Fallgeschichten gemeinsam: Hier findet immer »Psi« statt als »Sprung über die Zeit« – bei den Zukunftsvisionen des Nostradamus, bei den Kriegsprophezeiungen von Fatima, deren Wortlaut der Vatikan seit Jahrzehnten verschweigt, bei den fast datengenauen Weissagungen eines Franzosen aus dem Jahre 1914, die das Schicksal Deutschlands bis 1945 voraussagen. Im letzten Teil stellt der Parapsychologe Forschungsergebnisse der Thanatologie, der Sterbeforschung, vor, die auch dank der modernen Intensivmedizin heute auf reichhaltigem Material fußt: Es handelt sich um die Erlebnisse klinisch Toter, die ins Leben zurückgeholt werden konnten.

Hans Bender, geb. 1907 in Freiburg/Br., Studium der Psychologie, Philosophie und Romanistik, Zweitstudium der Medizin, 1953–1975 Lehrstuhl für Psychologie und ihre Grenzgebiete in Freiburg/Br. Dort auch Leiter des Instituts für Grenzgebiete der Psychologie und Psychohygiene.

Veröffentlichungen: Unser sechster Sinn, München [8]1981; Telepathie, Hellsehen und Psychokinese, München 1974; Verborgene Wirklichkeit, München 1975 u. a.

Hans Bender

Zukunftsvisionen, Kriegsprophezeiungen, Sterbeerlebnisse

Aufsätze zur
Parapsychologie II

R. Piper & Co. Verlag
München Zürich

ISBN 3-492-00546-2

Umschlag: Disegno
Gesamtherstellung: Clausen & Bosse, Leck
Printed in Germany

Inhalt

Zukunftsschau aus wissenschaftlicher Perspektive

Zu einem Rundgespräch über »Wahrträume« im Juli 1981 hatte das französische Fernsehen einen Amerikaner, Mr. Fried, eingeladen. Dieser junge Mann war durch ein merkwürdiges Traumerlebnis bekannt geworden, das vielfach publiziert worden ist. Kurze Zeit nach dem Unfalltode seines besten Freundes Anfang März 1977 sah er ihn im Traum mit einer Zeitung. Der Freund hielt sie ihm entgegen, er konnte Titel, Datum und eine Schlagzeile lesen, in der von dem Zusammenstoß zweier Jumbo-Jets über Teneriffa und 583 Toten die Rede war. Zur Zeit des Vorfalls studierte der Berichterstatter an der Duke University in North Carolina, an der gerade ein Forschungsprogramm über Träume durchgeführt wurde. Beeindruckt und beunruhigt von seinem Traumerlebnis berichtete Mr. Fried dem Präsidenten der Duke University. Zehn Tage nach dem Traum brachte die betreffende Zeitung die Nachricht von der Flugzeug-Kollision, die sich am 27. 3. 1977 in genau derselben Weise ereignete, wie es der Träumer in dem vor dem Ereignis abgegebenen Bericht geschildert hatte.

Von solchen Vorschau-Erlebnissen ist von alters her die Rede. Man spricht vom »zweiten Gesicht«, in Niederdeutschland von »Spökenkieken«, und es ist bekannt, daß in der Hauptsache Visionen und Träume solche erregenden Blicke in die Zukunft offenbaren. Auch Zweifel an der Möglichkeit eines solchen »Sprunges über die Zeit« wurden schon *vor* dem naturwissenschaftlichen Zeitalter geltend gemacht, oft mit der religiösen Begründung, daß nur Gott die Gabe habe zu wissen, was in der Zukunft geschieht. Vorschau als menschliche Fähigkeit in Anspruch zu nehmen erschien den religiös in dieser Weise Festgelegten als Ketzerei. Ebenfalls als Ketzerei, wenn auch aus anderen Motiven, betrachten auch heute viele die Behauptung, es gebe eine unerklärte »Vorschau«. Vor allem Naturwissenschaftler, besonders wenn sie der älteren Generation angehören, sehen in der Begriffsbestimmung der Vorschau, wie sie die Parapsychologie – »Wissenschaft von den okkulten Erscheinungen« – anbietet, eine sinnleere Aussage. Vorschau, Prophetie, in der Parapsychologie »Präkognition« (»Vorauserkennen«) genannt, ist definiert als das Vorauswissen zukünftiger Ereignisse, für die keine zureichenden Gründe bekannt sein können. In kausal-positivistischer Sicht ist ein solches Vorauswissen unmöglich, da ein noch nicht existierender Vorgang nicht gegen den Strom der Zeit Ursache einer ihm vorausgehenden Wahrnehmung sein kann.

Die öffentliche Meinung ist in bezug auf solche Erlebnisse gespalten. Repräsentative Bevölkerungsumfragen des Allensbacher Demoskopischen Instituts, die mehrfach wiederholt wurden, haben eine gewisse Konstanz in der Einstellung der erwachsenen Bevölkerung der Bundesrepublik und Westberlins aufgewiesen. Auf die Frage, ob es so etwas gebe wie das »zweite Gesicht« – ein Wissen um Ereignisse, die sich ohne Übermittlung einer Nachricht in der Ferne oder gar in der Zukunft abspielen –, gaben 53 Prozent der Befragten an, daß sie solche außergewöhnlichen Informationen für wirklich oder für möglich hielten. 36 Prozent meinten, so etwas gebe es nicht, 11 Prozent waren unsicher. Die Gruppe der Zustimmenden wurde weiter befragt, ob sie schon selbst Erlebnisse dieser Art hatten. Jeder fünfte Erwachsene – auf die Bevölkerung insgesamt bezogen – behauptete, solche Erfahrungen schon einmal oder mehrere Male gemacht zu haben. Ein Drittel der Befragten hielt zwar die Existenz dessen, was in der Umfrage »zweites Gesicht« genannt wurde, für erwiesen, bezog sich aber nicht auf eigene Erlebnisse.

Die Gegner machen geltend, daß Berichten über Erlebnisse solcher Art kein Vertrauen entgegengebracht werden könne, da keine Gewähr gegen Ungenauigkeiten der Berichterstattung und Verfälschungen gegeben sei. Es wird argumentiert: Jemand hat einen Traum, von dem er annimmt, daß darin Zukünftiges vorweggenommen wird. Dann passiert etwas, das eine Ähnlichkeit mit dem Trauminhalt zu haben scheint, prompt wird beides, Trauminhalt und Ereignis einander angeglichen und verfälscht und als »Wahrtraum« präsentiert.

Um diesem berechtigten Einwand zu begegnen, sollten auffällige Ereignisse sogleich schriftlich niedergelegt und Zeugen mitgeteilt werden, und auch die als Erfüllung angesehenen Vorgänge sollte man objektiv festhalten. Der eingangs mitgeteilte Wahrtraum des amerikanischen Studenten entsprach diesen Forderungen in vollem Umfang. Der Trauminhalt war beim Rektor der Universität deponiert, die zehn Tage später erschienene Zeitung, deren Text der Berichterstatter in seinem Traum gesehen hatte, ist ebenfalls ein objektives Dokument. Wer einen »Sprung über die Zeit« für unmöglich hält, kann sich hier nur noch auf den Zufall zurückziehen und argumentieren, selbst so viele Details wie Zeitung, Datum, Ort des Zusammenstoßes, Zahl der Toten könnten einmal als reines Spiel des blinden Zufalls zusammengewürfelt worden sein. Daß eine derartige »Wegerklärung« durch den blinden Zufall immer wieder geltend gemacht wird, zeigt angesichts des umfangreichen Materials, das international über solche »spontanen Phänomene« gesammelt worden ist, die Stärke des Vorurteils gegenüber diesen Phänomenen.

Visionäre Vorschau-Erlebnisse werden durch bestimmte Regionen begünstigt: Landschaft und Charakter der Bevölkerung spielen dabei eine Rolle. Berichte über das »zweite Gesicht«, das »Spökenkieken«, sind häufiger als anderswo in der Lüneburger Heide und in Ostfriesland zu finden[1]. Auch in der Heimat der Dichterin Annette von Droste-Hülshoff, dem Münsterland, war zumindest und ist auch wohl heute noch das »zweite Gesicht« eine nicht seltene Gabe. Von Droste-Hülshoff berichtet, daß sie und andere Familienmitglieder diese Fähigkeit besaßen und als schwere Last betrachteten. Sie dichtet: »Oh, sprich ein Gebet, inbrünstig, echt – für die Seher der Nacht, das gequälte Geschlecht«. Der Psychologe Karl Schmëing hat eine Anzahl solcher niederdeutschen Spökenkieker untersucht und festgestellt, daß sie eine »eidetische« Veranlagung haben: sie besitzen eine bei Kindern öfters anzutreffende Fähigkeit, innere Vorstellungsbilder leibhaftig in der Außenwelt zu sehen – gewissermaßen nach außen verlagerte Träume –, wobei manchmal der Wirklichkeitscharakter sinnlicher Wahrnehmungen erreicht wird[2]. Schmëing ist bei der sehr wichtigen und ergebnisreichen psychologischen und soziologischen Analyse dieser Erscheinungen stehengeblieben und hat sich leider der Prüfung des Wahrheitsgehaltes des »zweiten Gesichts« verschlossen.

Geht man durch systematische Zeugenbefragung solchen Fällen nach, verflüchtigt sich sicherlich vieles im Gerede, anderes aber läßt sich als tatsächlich belegen, wie etwa im folgenden Beispiel: Am Pfingstsonntag 1933 wurde das Dorf Ahausen in der Lüneburger Heide durch eine Feuersbrunst heimgesucht und fast vollständig vernichtet. Um die Jahrhundertwende hatte eine Spökenkiekerin, die mit dem »zweiten Gesicht« begabte Magd Gret, den Brand in vielen Einzelheiten vorausgesehen und die Einwohner durch die dramatische Stärke ihrer Vision so beeindruckt, daß sie jahrelang Brandwachen ausstellten, bis sich die Spannung legte. Aus den Bildern, die die Gret überkamen, war zu entnehmen, daß der Brand gegenüber der Kirche während eines Gottesdienstes beginnen würde. Die Leute kämen kaum mehr aus der Kirche heraus, vor der schon ein großer Baum brenne. Das Feuer breite sich in nördlicher Richtung aus und komme vor einem bestimmten Haus zum Stehen. Ein Gehöft neben dem Brandursprung bleibe erhalten. Männer in fremden Uniformen, die sie nicht kenne, würden beim Löschen helfen. Einer falle vom Pferde. Vor dem Ausbruch des Großbrandes werde ein mit Schimmeln bespannter Brautwagen zur Mühle fahren, bei einem anderen würden die Pferde scheuen, so daß er statt nach links nach rechts einbiege. Die Erwartungsangst der Einwohner wurde erneut entfacht, als sich 1925 die Voraussage mit dem Brautwagen erfüllte. Am Pfingstsonntag 1933 brach der Brand aus. Alles vollzog sich, wie die Gret vorausgesagt hatte. Eine in der Nähe von Ahausen übende Reiterabteilung der SA half beim Löschen. Ein Mann fiel vom Pferd. Sowohl die Voraussagen als die Erfüllungen sind von vielen Zeugen bestätigt, wie ich bei einer Nachuntersuchung 1962 feststellen konnte.

Interessante Aspekte außergewöhnlicher Information zeigen sich in Fällen, in denen ein Mensch vor einer unmittelbar bevorstehenden Gefahr gewarnt wird. Ich erhielt einen gut dokumentierten Bericht über einen solchen Vorgang: Ein Rechtsanwalt, der mit seinem Auto auf der alten Landstraße in Hamburg-Poppenbüttel zu seinem Büro fuhr, sah beim Überholen eines parkenden Wagens plötzlich einen Verkehrsschutzmann von auffallender Größe in der üblichen weißen Regenschutzkleidung mit weißer Mütze und erhobener Hand vor sich. Er fuhr sofort rechts heran, um dem Haltegebot nachzukommen, hörte einen Knall, der ihn sehr erschreckte und fürchten ließ, daß mit seinem Wagen etwas nicht in Ordnung wäre. Als er aus dem Auto sprang, war kein Verkehrspolizist zu sehen. Ein Bauarbeiter klopfte ihm auf die Schulter und beglückwünschte ihn zu seiner Rettung: Ein mit Steinen beladener Anhänger hatte sich in einer Baustellenausfahrt von der Zugmaschine losgerissen und überquerte führerlos die Straße. Der Knall wurde durch das Aufschlagen der gebrochenen Deichsel auf den Boden verursacht. Es läßt sich schwer entscheiden, ob es sich bei der Information über die drohende Gefahr, die dem Ereignis um Bruchteile einer Sekunde vorauseilte, um die unbewußte Wahrnehmung eines verdächtigen Initialgeräusches handelte oder um eine kurzfristige paranormale Vorschau. Wie dem auch sei: Jedenfalls wurde die Warnung halluzinatorisch in Form einer Erscheinung mitgeteilt, sicherlich die wirkungsvollste Form, einen sofortigen Gefahrenschutz zu erzielen. Ähnliche Fälle eines halluzinatorischen Gefahrenschutzes sind aus dem Krieg bekannt: Ein Soldat in einem Bunker hört seine verstorbene Mutter rufen: »Komm heraus, komm heraus!« Er folgt erstaunt der Aufforderung, begibt sich ins Freie, in diesem Augenblick wird der Bunker durch einen Artillerie-Volltreffer zerstört.

Die Begriffsbestimmung der Vorschau bedarf einer Ergänzung. Unter Präkognition – sagte ich – versteht man ein Vorauswissen des Zukünftigen, für das keine zureichenden Gründe bekannt sind, die es herbeiführen, und – als Ergänzung – das auch nicht als Folge eines Vorauswissens eintritt. Ein Beispiel möge dies erläutern: Unsere psychohygienische Abteilung hatte den Brief eines Vaters zu beantworten, dessen zehnjähriger Sohn durch einen Lastwagen mit sehr großen Rädern überfahren und getötet worden war. Den Briefschreiber quälte ein Traum, den sein Sohn während einer fieberhaften Erkrankung gehabt hatte, die dem Unfall unmittelbar vorausgegangen war. Der Junge rief nachts laut: Helft mir doch, helft mir doch, rettet mich vor diesen großen Rädern! Erschüttert von diesem Ereignis, wollte der

Vater von uns wissen, ob denn alles vorbestimmt sei und es keinen Ausweg aus dem Verhängnis gegeben habe. Der Fall kann paranormal, die Fiebervision eine Vorschau sein. Diese Interpretation ist aber nicht zwingend. Es ist möglich, daß der kranke Junge entoptische Erscheinungen in seinem Fieberzustand hatte – Drehendes, Räder, bedrohliche Autos – und daß er bei der späteren realen Konfrontation mit einem solchen bedrohlichen Etwas überrascht und angezogen wurde wie ein Radfahrer von einem alleinstehenden Baum, den er vermeiden will. Man nennt solche Verhaltensweisen: Erfüllungszwang.

Unser Thema: Zukunftsschau aus wissenschaftlicher Perspektive bezieht sich auf außergewöhnliche Erlebnisse, die in den Rahmen des Geläufigen nicht eingeordnet werden können. Es ist ein Thema der Parapsychologie, der Wissenschaft von den »okkulten« Erscheinungen. Seit der Gründung der englischen Society for Psychical Research in London 1882 und schon früher zeichnen sich zwei Bereiche der parapsychologischen Forschung ab:

1. Die Frage, ob Menschen oder andere lebende Organismen Informationen außerhalb der normalen Wege erhalten können. Man spricht von einer Wahrnehmung außerhalb der uns bekannten Sinnesorgane – außersinnliche Wahrnehmung (ASW) – und unterscheidet drei Formen: *Telepathie*, den direkten Informationskontakt zwischen zwei Lebewesen; *Hellsehen*, die außersinnliche Wahrnehmung eines Vorgangs, von dem niemand Kenntnis hat, und *Prophetie oder Präkognition*, das Vorauswissen eines zukünftigen Vorgangs, für den keine zureichenden Gründe bekannt sind und der auch nicht als Folge des Vorauswissens eintritt.
2. In dem zweiten Forschungsgebiet geht es um das Problem, ob Menschen bzw. Organismen auf eine physikalisch nicht geklärte Weise auf Objekte der Körperwelt einwirken können. Man nennt solche Bewirkungen *»Psychokinese«* – wiederum ein Kunstwort, mit dem zum Ausdruck gebracht werden soll, daß es sich um eine psychisch ausgelöste Veränderung materieller Systeme handelt.

In einer auf die Hauptkonturen beschränkten Übersicht lassen sich drei Forschungs*quellen* unterscheiden:

1. Spontane Phänomene: Das sind Erlebnisberichte über als außergewöhnlich empfundene Vorkommnisse, die seit jeher von allen Schichten der Bevölkerung erzählt werden. Sie sind gewissermaßen das Rohmaterial der parapsychologischen Forschung, das von den Wissenschaftlern gesammelt wird. Nur einige Stichworte, die die Bereiche charakterisieren, um die es geht: Ahnungen, Visionen, Träume, die Gegenwärtiges oder Zukünftiges enthalten, das auf normale Weise nicht bekannt sein kann; Erscheinungen, Todesankündigungen, Spökenkieken, außergewöhnliches Verhalten von materiellen Objekten bis hin zum Spuk.
   Wir versuchen, möglichst genaue Zeugenberichte zu erhalten, und nehmen bei interessanten Fällen persönlichen Kontakt mit den Berichterstattern auf.
   Manche dieser Berichte geben dem Parapsychologen Hinweise, was daraus vielleicht dem Experiment unterworfen werden kann.
2. Mit einer quantitativ-statistischen Methode werden mittels standardisierter Verfahren beliebige Versuchspersonen oder auch solche, die verdächtig sind, eine besondere parapsychische Begabung zu haben, auf paranormale Fähigkeiten geprüft. Im Bereich der außersinnlichen Wahrnehmung sind die von dem amerikanischen Parapsychologen J. B. Rhine entwickelten Kartenversuche – ESP-cards – (ESP = extrasensory perception) seit 1934 international bekannt geworden.
3. Qualitative Experimente: Bei diesem, Lebenssituationen angenäherten Forschungsverfahren werden beliebige Versuchspersonen, vor allem aber auch Sensitive (Medien) untersucht, bei denen Grund zur Vermutung besteht, daß sie über besonders ausgeprägte Fähigkeiten der gesuchten Art verfügen. Solche Medien entwickeln oft eigene Verfahren, wie etwa der von Tenhaeff und Bender untersuchte Holländer Gerard Croiset in seinem bekannt gewordenen »Platzexperiment«[3].

Seit längerer Zeit schon hat sich das Wort »Psi«, ein Buchstabe des griechischen Alphabets, als Kennwort für die paranormalen Erscheinungen eingebürgert. Man spricht von Psi-Begabung, Psi und Religion, Psi und Darwinismus etc. Die Experimente auf diesem Forschungsgebiet sind nicht beliebig wiederholbar. Die Gesamtheit der Bedingungen, die zu Psi-Effekten führen, kann noch nicht überschaut werden. Sicher ist, daß sie durch einen veränderten Bewußtseinszustand begünstigt werden: Entspannung, Abschirmung von äußeren Reizen, die sogenannte »sensorische Deprivation«, durch Traum, Meditation, Hypnose und Trance, sowie durch intensive emotionale Gruppenerlebnisse. Das dadurch geschaffene sogenannte »affektive Feld« ist bei nahezu allen spontanen Phänomenen nachweisbar, und man bemüht sich, es auch im Laboratorium herbeizuführen. Negativ eingestellte Beobachter stören, besonders stark ist der sogenannte Versuchsleiter-Effekt: der Einfluß der Einstellung und Erwartung der Beobachter auf die Resultate.

Ich werde nun im folgenden aus den drei Forschungsquellen – spontane Phänomene, quantitativ-statistische und qualitative Experimente – Methoden und beispielhafte Resultate darstellen.

Zunächst die »spontanen Phänomene«, gewissermaßen das Rohmaterial der parapsychologischen Forschung. Man kann die Berichte nach bestimmten Kategorien einteilen und zwar nach Psi-Formen, nach der Erlebnisart, nach Themen und Inhalt. Die internationalen Untersuchungen dieser Art zeigen eine weitgehende Übereinstimmung. Telepathie und Hellsehen, d. h. paranormale Informationen, die sich auf schon vorhandene Sachverhalte beziehen – »gleichzeitig« ist die in der Parapsychologie dafür übliche Bezeichnung – finden sich in 50 Prozent der Fälle. Präkognition, also Vorschau-Erlebnisse, die sich auf Noch-nicht-Vorhandenes beziehen, in 39 Prozent der Fälle. Am Rande seien Mischformen und Psychokinese erwähnt: 4 Prozent und 7 Prozent des Materials. Unter den Erlebnisarten, also den psychischen Vorgängen, in denen sich die paranormale Information zeigt, figuriert an erster Stelle der Traum mit 43 Prozent, dann finden wir Ahnungen, in denen die paranormale Information nicht präzisiert ist, sondern vielleicht nur Handlungsimpulse auslöst, in 24 Prozent der Fälle und schließlich Halluzinationen und Visionen in 18 Prozent und – hier außerhalb unserer Betrachtung – physikalische Effekte und andere Erlebnisformen in 7 bzw. 8 Prozent der Fälle. Die inhaltliche Analyse der »Themen« zeigt, daß affektnegative bei weitem dominieren, so Tod in 44 Prozent der Fälle, Erkrankung, Verletzung, Todesgefahr in 19 Prozent, wichtige Ereignisse in 26 Prozent und unwichtige in 11 Prozent.

Die paranormalen Erlebnisse, so kann man zusammenfassen, beziehen sich in der Hauptsache auf »existentielle Grenzsituationen«, die entweder die physische Existenz des betreffenden Menschen insgesamt bedrohen oder seinen Bedürfnissen, Wünschen und Strebungen Hindernisse entgegenstellen. Man kann sagen, daß es die tieferen Schichten der Persönlichkeit sind, die in paranormalen Erlebnissen hervortreten, und daß offenbar Angst die wesentliche psychologische Motivation für eine Durchbrechung der Raum-Zeit-Schranke ist.

Die Auszählung der Berichte über spontane Phänomene in bezug auf die Psi-Formen ergab ein Übergewicht von 50 Prozent »gleichzeitiger« Erlebnisse (Telepathie, Hellsehen) gegenüber 39 Prozent Vorschau. Es ist möglich, daß dieser Prozentsatz präkognitiver Erlebnisse in Wirklichkeit größer ist. Viele Menschen haben eine Scheu, von einem Vorherwissen des Zukünftigen zu berichten. Sie sehen einen solchen »Sprung über die Zeit« als etwas derartig Unglaubwürdiges an, daß sie fürchten, nicht ernstgenommen zu werden, wenn sie gestehen, ein solches Erlebnis selbst gehabt zu haben. Die Reserve gegenüber der Präkognition macht sich auch in der wissenschaftlichen Diskussion über Parapsychologie bemerkbar: Viele Außenstehende sind gegebenenfalls bereit, Telepathie für möglich anzusehen und sich mit entsprechenden Forschungsergebnissen zu beschäftigen, halten dagegen eine paranormale Vorwegnahme des Zukünftigen für indiskutabel. Ein Ereignis, das noch gar nicht existiert, kann sich nicht – so argumentieren sie – gegen den Strom der Zeit – in einem Traum, einer Ahnung oder Vision offenbaren.

Das Kausalitätsdenken: die Ursache geht der Wirkung voraus, ist zutiefst in unserem Weltverständnis verankert. Mit einfachen Berichten über spontane Phänomene sind die in dieser Weise Zweifelnden nicht zu einer Beschäftigung mit Erfahrungsmaterial zu veranlassen, das Präkognition nahelegt. Nur durch eindrucksvoll dokumentierte Beobachtungen können sie vielleicht zu einer Aufgabe ihrer völlig ablehnenden Haltung bewegt werden. Im Bereich der spontanen Phänomene ist es die Methode der sogenannten »erwartenden Beobachtung«, die ein Maximum an objektiver Dokumentation des Außergewöhnlichen ermöglicht. Ich möchte an einem Beispiel aus dem Arbeitsbereich des Freiburger Instituts für Grenzgebiete der Psychologie und Psychohygiene erklären, worum es sich handelt: Anfang der fünfziger Jahre kam die damals am Freiburger Stadttheater tätige Schauspielerin Christine Mylius in das Institut und berichtete, daß sie seit ihrer Mädchenzeit ihre Träume aufzeichne, da sie immer wieder beobachtet habe, daß sich einige ganz oder teilweise »erfüllt« hätten. Die Beispiele, die sie mir mitteilte, waren so interessant, daß ich ihr vorschlug, Kopien ihrer Traumaufzeichnungen etwa alle 14 Tage an das Institut zu schicken und ihre Meinung über den Sinn des Traumes hinzuzufügen. Weiter möge sie uns gleich in Kenntnis setzen, wenn sie den Eindruck habe, daß ein Traum wiederum »wahr« geworden sei, Zeugenbestätigungen, wenn zu beschaffen, hinzufügen und uns die Gelegenheit geben, in geeigneten Fällen die »Erfüllungssituation« nachzuprüfen. Da die Traumprotokolle im Institut archiviert wurden, konnte nichts mehr daran geändert werden. So war die Gefahr der »Angleichung« der vermuteten Vorschau im Traum an die Erfüllungssituation vermieden. Diese Vereinbarung erfüllte Frau Mylius mit einer außergewöhnlichen Zuverlässigkeit[4]. Das Beobachtungsexperiment lief bis zu ihrem Tod Ostern 1982 weiter: Wir haben mehr als 2800 Träume von Frau Mylius in unserem Archiv, die insgesamt auszuwerten unsere Kapazität bei weitem übersteigen würde. Mein Freiburger Kollege Professor J. Mischo und ich haben Anfang der sechziger Jahre eine Serie von Träumen besonders eingehend untersucht, die unter dem Stichwort »Der Fall Gotenhafen« bekannt geworden sind[5]. Die Träume bezogen sich auf Vorgänge im Zusammenhang mit dem Film »Nacht fiel über Gotenhafen«, in dem die Träumerin eine Rolle spielte. Sie waren vier Jahre bis ein halbes Jahr vor den Ereignissen geträumt worden. Teilweise schien die spätere Situation in realistischer Darstellung vorweggenommen worden zu sein, teilweise war die Information in Anspielungen oder symbolischen Bildern verhüllt. Ich will drei Einzelbeispiele herausgreifen, obwohl eigentlich nur die gesamten zwölf auf den Film bezogenen Träume ein angemessenes Bild von den überraschenden Übereinstimmungen geben. Der Film »Nacht fiel über Gotenhafen« handelte von dem Schicksal deutscher Flüchtlinge aus den Ostgebieten, die – vor den Russen fliehend – in Gotenhafen, dem polnischen Gdynia (Gdingen) auf dem KdF-Schiff ›Wilhelm Gustloff‹ nach Schleswig gebracht werden sollten. Am 15. Januar 1945 wurde der Dampfer in der Ostsee von einem sowjetischen U-Boot torpediert, und nahezu 6000 Menschen ertranken. Die Untergangsszene wurde in drastischem Realismus auf offener See vor Helgoland gefilmt. Im September 1959 fuhren Filmleute, Schauspieler und Komparsen mit einem rasch gecharterten, sehr alten, vom Kohlenbunkern stark verschmutzten Dampfer von Bremerhaven nach Helgoland. Der Kapitän brauchte mehr als drei Stunden, um aus dem Hafen zu kommen. Die Mannschaft sprach zusammen mit den Passagieren reichlich dem zollfreien Whisky zu. Als der zweite Steuermann das Ruder übernehmen sollte, mußte er wegen Volltrunkenheit vom Kapitän relegiert werden. Frau Mylius hatte am 22. Mai 1959 geträumt und dem Institut das Protokoll geschickt: »Fahre in einem uralten, dreckigen Dampfer, der kaum mehr manövrierfähig ist und der schon stundenlang braucht, um aus dem Hafen zu kommen. Auch die Mannschaft sieht ziemlich verwahrlost aus und steht unter Alkohol.«

In einem Dokumentarfilm zum Fall Gotenhafen, den der Südwestfunk hergestellt hat, sagt der Produktionsleiter aus, daß zur Zeit des Traumes das Filmvorhaben noch nicht geplant gewesen war und natürlich auch nicht das Chartern eines Dampfers in Bremerhaven. In dem Filmteam befand sich eine Hamburger Tauchergruppe, die bei Außenaufnahmen auf hoher See bei Helgoland eingesetzt werden sollte. Der Film blendet auf mit einer im Wasser treibenden jungen Frau mit langen Haaren, der Taucherin Evelyn. Wie alle bei den Untergangsszenen Mitwirkenden – auch Frau Mylius – trug sie einen enganliegenden schwarzen Schutzanzug aus Neopren. Am 5. Januar 1959 hatte Frau Mylius geträumt: »Ich schlage vor, zu Sport-Münzinger zu gehen und Asbestanzüge zu kaufen. Eva H., die Malerin, ist auch dabei. Sie hat ein Bild oder eine Plastik von einer Frau und auch eine Art Kratersee, der mit einer weißen, kalkigen Masse ausgefüllt ist.« Eva H. ist eine Frau Mylius bekannte Hamburger Malerin, die phantastische Frauengestalten in schwarzen Trikots malt. Eines dieser Bilder hat eine frappante Ähnlichkeit mit der Taucherin Evelyn. Bei unserer Untersuchung der Zusammenhänge des Traumes mit Realsituationen haben wir es fünfzehn Teilnehmern der Filmaufnahmen mit der Bitte um Beurteilung einer ihnen auffälligen Ähnlichkeit vorgelegt. Sie nannten alle die Komparsin Evelyn. In dem Dokumentarfilm äußert sich der Leiter der Tauchergruppe über die Traumaussage: »Kratersee« und »weiße kalkige Masse« und macht darauf aufmerksam, daß Aufnahmen auf der gesprengten Mole von Helgoland erfolgten, wo sich kleine Binnenseen gebildet hatten und zwar in den Kratern, die durch die Sprengung entstanden waren. Zu der »weißen kalkigen Masse« fiel ihm das Talkum ein, mit dem die Neopren-Taucheranzüge vor dem Anlegen eingestäubt werden mußten, um zu gleiten.

Im Oktober 1959 wurden im Filmstudio Göttingen Aufnahmen zu dem »Gotenhafen«-Film gemacht, und zugleich für einen Lustspielfilm, der von einer Vergnügungsexpedition nach Tanger an der afrikanischen Küste handelte und für den teilweise dieselben Kulissen verwendet wurden. Man hatte einen katakombenartigen Bunker und ein Nachtlokal aufgebaut. Auf dem Außengelände des Studios filmte man die Einschiffung der Flüchtlinge in dichtem Schneegestöber, das mit künstlichem Schnee vorgetäuscht wurde. Der Filmarchitekt hatte dafür eine Schiffskulisse aufgebaut, und 50 Meter davon entfernt für das Lustspiel eine Oase mit Sand und Palmen. Im Gotenhafen-Film tanzten zwei Luftwaffenhelferinnen, die im Film als die »Höpfner-Zwillinge« bezeichnet wurden, und in dem zweiten führte eine Mulattin einen Bauchtanz vor.

Am 25. Juni 1958 – eineinhalb Jahre vor diesen Dreharbeiten hatte Frau Mylius geträumt: »Ein Traum voll von Eindrücken, die ich kaum in Worte fassen kann. Es ging um eine Expedition nach Afrika, warum weiß ich nicht, denn ich sehe keine Neger. Obwohl es sehr heiß ist, erlebe ich auch ein Schneegestöber vor einem Hintergrund, der sowohl eine Sandwüste als eine Schneelandschaft sein kann. Dann sehe ich – wie auf einer Bühne – Katakomben, Nachtlokale und andere große Räume nahe beieinander wie in einem Filmstudio. Zwei spärlich bekleidete Tänzerinnen – sie müssen Zwillinge sein – führen eine Art Eingeborenentanz auf.«

Frau Mylius war Zeugin der Filmaufnahmen in der künstlichen Sandwüste, 50 Meter von der Schiffskulisse entfernt, vor der sie im Schneegestöber als Hauptdarstellerin des Gotenhafen-Films aufgenommen wurde. Der Traum, der in unserer Publikation unter dem Stichwort »Klimatische Paradoxie« figuriert, zeigt deutliche Übereinstimmungen mit der zukünftigen Realsituation. Wie es oft in Träumen der Fall ist, werden offenbar verschiedene Eindrücke – hier Vorschau-Impressionen – miteinander vermischt: »Sandwüste« = »Schneelandschaft«, »Zwillingstänzerinnen« = Bauchtanz.

Zur Zeit des Traumes waren mit Sicherheit keine zureichenden Gründe vorhanden, aus denen die späteren Ereignisse hätten kombiniert werden können, und es bestand auch keine Möglichkeit im Sinne eines »Erfüllungszwanges«, d. h. als absichtliche Inszenierung eines als Vorschau interpretierten Erlebnisses, solche Ereignisse herbeizuführen. Für die Interpretation der offenkundigen Übereinstimmungen bleibt nur die Alternative: Präkognition oder Zufall. Im Zuge der Diskussion der Zufallshypothese habe ich den letzten Traum geschulten Traumdiagnostikern mit der Bemerkung vorgelegt, die Träumerin habe diese Szenen erlebt, teilweise mitgespielt und teilweise zugesehen. Ich bat sie, sich darüber zu äußern, ob sie einen Bezug zwischen den Erlebnissen und dem Traum sähen. Alle antworteten, es läge doch auf der Hand, daß es sich um eine Verarbeitung von »Tagesresten« handele, bei der in Form der bekannten Verdichtungsvorgänge zwei Motive zu einem Traumbild verschmelzen. Ein Teil der befragten Traumdiagnostiker hielt Präkognition für unmöglich. Diese Neinsager zogen sich betreten zurück, als ich ihnen eröffnete, daß dieser Traum und andere anderthalb Jahre vor den Ereignissen geträumt worden waren.

Frau Mylius führte ein peinlich genaues Tagebuch, das es ermöglichte zu untersuchen, in welchen Lebenssituationen sie die Träume hatte, die sich später als präkognitiv erwiesen. Es zeigte sich, daß der fragmentarische Vorgriff auf die Zukunft nahezu immer in Angst- und Streßsituationen erfolgte und daß die zukünftige Realsituation im Zusammenhang mit dem Streß zur Zeit des Traumes stand. In manchen Fällen handelte es sich um einen gefühlsmäßigen, einen affektiven Zusammenhang, der durch eine tiefenpsychologische Analyse aufgedeckt werden konnte. Psychoanalytiker sind allerdings für die Interpretation paranormaler Zukunftsträume wenig zugänglich, da sie sich meist an die Auffassung Freuds halten, der zwar telepathische Träume akzeptierte, prophetische jedoch für Täuschung hielt. Carl Gustav Jung hingegen, der Begründer der analytischen Psychologie, schrieb schon 1932 in seinem Artikel »Seele und Tod«: »Eine objektive Sichtung und Kritik der vorhandenen Beobachtungen muß feststellen, daß sich Wahrnehmungen ereignen, die teils so vor sich gehen als ob es keinen Raum, teils als ob es keine Zeit gäbe.«[6] In ihrem Buch »Traumjournal« deutet Christine Mylius in den Kapitelüberschriften die Themen an, auf die sich ihre Vorschauträume hauptsächlich beziehen: Im »Psi-Schlaf« geht es um die Familie, um vorweggenommene Begegnungen, Freunde, Kollegen, den Beruf auch auf der Traumbühne, es gibt Warnungen und Tips im Traum; vorweggenommenes Unglück, Unfall und Tod, Katastrophen kündigen sich an, Vorschau auf Zeitungsreportagen, Politisches wirft seine Schatten voraus.

Die letzten Stichworte berühren die Erfahrungstatsache, daß sich kollektive Ereignisse, Krieg und Katastrophen in Träumen oder anderen Vorschau-Erlebnissen meist nur in ihrem Bezug zur Person des Erlebenden spiegeln und nicht »autonom« darstellen. So zum Beispiel in einem Traum, den Frau J. Suchland 14 Tage nach der Geburt ihres jüngsten Sohnes im Jahre 1919 hatte. Der Traum stand ihr jahrelang immer wieder vor Augen. Als sie und ihr Mann 40 Jahre später interviewt wurden, erinnerte sie sich an jede Einzelheit. Sie war in einer ihr völlig fremden Landschaft unweit des Meeres und wußte, daß dort ihr jüngster Sohn begraben lag. In großer Angst suchte sie ihn, indem sie mit ihren Händen den losen Sand an vielen Stellen durchwühlte. Mit einem Schrei wachte sie auf und bat – noch ganz im Banne des Traumes – ihren ebenfalls wach gewordenen Mann: Du mußt mir helfen, unseren Hans zu suchen, er liegt beim Meer unter dem Sand. Der Säugling schlief währenddessen ruhig und friedlich in seinem Bett. 26 Jahre später, im Herbst 1946, erhielt Frau Suchland durch das Rote Kreuz die Todesnachricht ihres in französischer Gefangenschaft gestorbenen Sohnes. Nach endlosen Bemühungen erreichte sie die Verbindung mit zweien seiner Kameraden, die Zeugen des Todes gewesen waren. Sie schickten eine Skizze des Fort Mahon zwischen Abbéville und Boulogne an der Nordküste Frankreichs und schrieben: Das Grab von Hans Suchland liegt bei Fort Mahon in den Dünen, 800 Meter vom Meer.

Einen anderen präkognitiven Traum, dessen Hintergrund Kriegsgeschehen ist, träumte seit 1928 immer wiederkehrend eine junge Frau: In Danzig, in dessen Nähe die Träumerin wohnte, sah sie sich in einem Menschenstrom eingezwängt und zu einem großen roten Backsteingebäude mit vergitterten Fenstern hingedrängt. Schweigend, in großer Verzweiflung, starrten alle zu den Fenstern empor. Hinter einem dieser Fenster sah sie das Gesicht ihres Mannes mit einem unbekannten Käppi auf dem Kopf. Er winkte ihr mit traurigem Lächeln wie zum Abschied zu. Sie gibt dazu folgenden Kommentar: »Wegen der vergitterten Fenster und wohl nicht zuletzt wegen des Käppis mußte ich glauben, daß dies ein Gefängnis war. Es war aber völlig abwegig anzunehmen, daß jemals mein Mann in ein Gefängnis kommen konnte, und als Beweis meiner Überzeugung galt mir auch die Tatsache meines Traumes, daß mit mir Tausende von Menschen vor diesem Gebäude standen und mit mir fühlten.« Diese Traumszene realisierte sich elf Jahre später am Tage der Mobilmachung, als sie ihren schon länger zum Danziger Polizeiregiment eingezogenen Mann kurz vor dem plötzlichen Ausrücken noch einmal in dieser Situation zu sehen bekam. Er trug ein Militärkäppi, das sie bisher niemals an ihm gesehen hatte. Die stereotype Wiederkehr dieses Traumes hatte in der Berichterstatterin die Überzeugung geweckt, daß er eine besondere Bedeutung habe, aber der Sinn des Traumes blieb ihr bis zu dem Augenblick verhüllt, in dem sich die geträumte Szene tatsächlich abspielte. Winzige Details des großen Films der Zukunft, immer bezogen auf das persönliche Schicksal, scheinen in solchen Träumen die große kollektive Rahmenhandlung Krieg anzudeuten.

Eine besondere Gruppe präkognitiver spontaner Erlebnisse ist die sogenannte »warnende Prophetie«. Ein Beispiel: Eine Frau aus dem Ruhrgebiet berichtete mir, sie habe von einer Droschke mit dem Tod als Kutscher geträumt. Zu ihr gewandt habe der unheimliche Knochenmann gerufen: »Hier hinten ist noch ein Platz frei.« Dieses Traumgesicht habe sie so erschreckt, daß sie davon aufwachte. Am Morgen ging sie wie gewöhnlich zur Straßenbahnhaltestelle. Die Straßenbahn war überfüllt, und es schien unmöglich zuzusteigen. Plötzlich rief der Schaffner: »Hier hinten ist noch ein Platz frei« – die Worte die sich ihr durch den Traum tief eingeprägt hatten. Sie war so perplex, berichtete sie, daß sie nicht einstieg. Die Fahrgäste lachten über ihre Hilflosigkeit. Mit einem Vorortzug fuhr sie zu ihrer Arbeitsstelle, wo schon bekannt war, daß ein Straßenbahnzug verunglückt sei und daß es Tote gegeben habe. Es war der Zug, den sie nicht hatte nehmen wollen.

Der Dichter Werner Bergengruen erzählte einem gemeinsamen Bekannten eine ähnliche Anekdote. Sein Onkel träumte von einem Leichenwagen, dessen Kutscher, ein junger Mann, wie ein Page gekleidet war. Im Traume wurde er von diesem »Pagen« aufgefordert, doch mitzufahren. Einige Zeit später war der Träumer in Paris in einem Warenhaus, dessen neue Schnell-Liftanlage von den Besuchern ausprobiert wurde. Sie standen Schlange. Als der Träumer mit anderen an der Reihe war und die Tür des Lifts geöffnet wurde, erkannte er den Pagen seines Traumes und fuhr nicht mit. Der Traum, »warnende Prophetie«, rettete ihn: Der Lift stürzte ab, es gab Verletzte und Tote.

Als zweite Forschungsquelle der Parapsychologie nun die quantitativ-statistischen Experimente im Laboratorium. Dazu eine Vorbemerkung: Nach der Gründung der britischen Gesellschaft für psychische Forschung, der Society for Psychical Research, vor hundert Jahren dauerte es Jahrzehnte, bis die Parapsychologie Bürgerrecht im akademischen Rahmen erhielt. Nach erfolgreichen telepathischen Versuchen im Psychologischen Institut der Niederländischen Universität Groningen kam es erst zu Beginn der dreißiger Jahre zu einer entscheidenden Änderung. Vorbereitet durch einen Vortrag des Psychologen William MacDougall über »Psychical Research as a University Study« (Parapsychologie als Universitätsfach) bei einem Symposion an der Clark University 1926 konnte unter dem Patronat dieses Promotors der Parapsychologie der Biologe J. B. Rhine an der Duke Universität 1934 in Durham (North Carolina) ein parapsychologisches Laboratorium eröffnen. Im Zuge der sich in der

Psychologie immer mehr durchsetzenden Mathematisierungstendenz wählte Rhine Verfahren zur Untersuchung der außersinnlichen Wahrnehmung und später auch der Psychokinese, die eine quantitativ-statistische Datenauswertung ermöglichten. Die Beurteilung von Psi-Leistungen wurde auf die Wahrscheinlichkeitstheorie aufgebaut. Rhine und seine Mitarbeiter konnten so – im Zuge zeitgenössischer wissenschaftlicher Trends – die Parapsychologie akademisch »hoffähig« machen. Für Untersuchungen der außersinnlichen Wahrnehmung verwendete Rhine, von vielen Forschergruppen lange Zeit übernommen, ein standardisiertes Material, Karten mit fünf geometrischen Figuren: Kreis, Kreuz, Wellenlinie, Stern und Quadrat, die jeweils fünfmal in Spielen zu je 25 Karten vertreten sind. Versucht man in einem gut gemischten Spiel die Lage bzw. Reihenfolge der Karten zu erraten und ist bei diesem Ratevorgang nur der Zufall maßgebend, so erhält man in genügend langen Reihen 5 Treffer bei 25 Aussagen. Das ist die sogenannte »mittlere Zufallserwartung«. Aus bedeutsamen, »signifikanten« Abweichungen von dieser Zufallserwartung folgert man, daß eine Information außerhalb der normalen Sinneswege den Erfolg herbeigeführt hat. Natürlich muß jede Möglichkeit ausgeschaltet sein, auf irgendeinem normalen Wege die Karten zu erkennen oder ihre Position zu erschließen. Sieht ein »Sender« Karten an, so kann bei signifikanten Abweichungen von der Zufallserwartung die Information telepathisch übertragen worden sein. Kennt niemand die Lage der gut gemischten Karten, wird bei einem überzufälligen Ergebnis bei der Versuchsperson auf Hellsehen geschlossen, auf außersinnliche Wahrnehmung eines objektiven Vorganges, von dem niemand Kenntnis hat. Erfolgt der Ratevorgang, bevor die Karten gemischt werden, und ergibt sich dann ein signifikanter Trefferüberhang, wird auf »Präkognition« geschlossen.

Die höchsten Trefferzahlen erzielte das Duke-Laboratorium in der Pionierzeit der dreißiger Jahre. Die Neuheit und das Risiko des Forschungsvorhabens hielt das junge Team in größter Spannung. Ein produktiver Wettstreit spornte die Gruppe an. Man begrüßte sich nicht mit dem üblichen: »How do you do?« (Wie geht es Ihnen?), sondern mit »How do you score?« (Wieviel Treffer bekommen Sie?) Telepathie und Hellsehen galten schon 1934 als statistisch erwiesene Fakten. Die Mauer des Schweigens, gegen die die parapsychologische Forschung früher vergebens angekämpft hatte, schien gebrochen. Die »außersinnliche Wahrnehmung« wurde diskutiert und die Methode auf ihre Stichhaltigkeit geprüft. Das »Amerikanische Institut für mathematische Statistik« bezeichnete 1935 die Ergebnisse als mathematisch einwandfrei mit dem Zusatz: »Wenn die Forschungen Rhines sachlich angegriffen werden sollten, so muß dieser Angriff vom Nicht-Mathematischen ausgehen.« Den Einwänden gegen die Versuchstechnik, die vor allem die Durchführung des Nahversuches, die Mischtechnik und die Ausschaltung von protokollarischen Irrtümern oder gar Täuschungen betrafen, begegnete man mit einer Verfeinerung der Methoden. Seit 1938 wurden systematisch Präkognitions-Experimente mit der Karten-Methode ausgeführt: Die Versuchspersonen bemühten sich vorauszusagen, wie die Karten liegen würden, wenn sie zu einem bestimmten Zeitpunkt gemischt würden. Man erzielte wiederum Ergebnisse, die über der Zufallserwartung lagen, doch erhoben sich bald im Kreise des Rhine-Teams selbst Einwände gegen das einfache Mischen mit der Hand, wie es anfänglich praktiziert wurde. Ein Mitglied des Teams hatte den Verdacht, daß Hellsehen beim Mischen der Karten beteiligt sein könnte, so daß sie dadurch so zu liegen kämen, daß überzufällige Übereinstimmungen mit der Voraussage entstünden. Die Versuche zeigten, daß ein solches »Psi-Mischen« (psychic shuffle) in der Tat möglich war. Man entwickelte nun mechanische Mischverfahren, die eine unbewußte, durch Hellsehen erzielte Beeinflussung des Mischvorgangs ausschlossen.

Eine neue Schwierigkeit trat auf, als mit der Methode der Beeinflussung fallender Würfel Psychokinese nachgewiesen wurde. Psychokinese (PK) ist die physikalisch noch nicht erklärte direkte psychische Beeinflussung materieller Systeme. Man mußte nun noch ausschließen, daß der Mischvorgang – mit Hand oder mechanisch – durch PK beeinflußt würde. Dazu diente die Einführung eines sogenannten »Wetterschlüssels«, man hob das gemischte Kartenpäckchen nach einer Zahl ab, die sich aus der Differenz der Maximal- und Minimaltemperaturen ergab. Nach Jahren der erfolgreichen Präkognitionsuntersuchungen mit dem »Wetterschlüssel« wurde auch dieser kritisiert und als nächster methodischer Kunstgriff eine durch einen Computer ausgeführte komplizierte mathematische Kalkulation angewandt, von der man nun annehmen durfte, daß sie völlig außerhalb menschlicher Beeinflussungsmöglichkeit läge. Bei allen kritischen Analysen ging es darum, völlig autonome Zielobjekte für eine »Vorschau« zu finden.

Die quantitativ-statistische Untersuchung der außersinnlichen Wahrnehmung erbringt reine Leistungswerte und gibt keinen Einblick in die komplexe Struktur der in Frage stehenden Psi-Vorgänge. Auch die Einführung sogenannter »multivariater Versuchspläne«, bei denen die Korrelation der Leistungswerte mit der Einstellung der Versuchspersonen zu Psi, mit der Selbsteinschätzung ihrer aktuellen Disposition oder ihrer Beziehung zum Versuchsleiter oder mit Persönlichkeitsmerkmalen wie Extraversion und Introversion, Neurotizismus etc. untersucht wird, läßt nicht die Einbettung der Psi-Vorgänge in Lebenssituationen erkennen. Mehr Information geben Untersuchungen aus dem Bereich der dritten Forschungsquelle: der qualitativen Experimente.

Die für mich eindrucksvollsten Experimente dieser Art waren sogenannte »Platzversuche« mit dem 1980 verstorbenen holländischen Sensitiven Gerard Croiset.

Croiset unternahm es, vorauszusagen, wer bei einer zukünftigen Demonstration auf einem Platz sitzen werde. Dieser Platz war auf einem Stuhlplan bestimmt, der entweder von Croiset selbst oder von einem Versuchsleiter ausgewählt wurde. W. H. C. Tenhaeff hat schon Ende der vierziger Jahre mit Croiset erfolgreich solche Experimente durchgeführt und 1951 Croiset nach Freiburg gebracht, wo wir die Versuche teils in Zusammenarbeit mit Tenhaeff, teils in eigener Regie weiterführten. Croiset beschreibt äußere Merkmale und nennt meist affektiv betonte Erlebnisse des zukünftigen Platzinhabers, die zu dessen Identifizierung führen sollen. Die methodische Schwierigkeit der Experimente besteht darin, nachzuweisen, daß die von Croiset angegebenen Merkmale für einen bestimmten Platzinhaber spezifisch sind und nicht auch auf andere zutreffen. Ein Mitarbeiter des Freiburger Instituts, Dr. Ulrich Timm, hat später eine quantitative Methode ausgearbeitet, die vor allem die Spezifität der Aussagen überprüfte, d. h. das Problem, mit welcher »Anti-Zufallswahrscheinlichkeit« die Aussagen des Sensitiven eine bestimmte Person eindeutig kennzeichneten[7]. Nach »Erkundungsexperimenten«, bei denen die Versuchspersonen sich auf einen beliebigen Stuhl setzen konnten, wurde später der Sitzplatz durch ein Los bestimmt. Erfolgreiche Platzexperimente dieser Art haben Tenhaeff und ich auf einer Pfalzreise erzielt, auf der wir Versuche in pfälzischen Volkshochschulen durchführten. Die Veranstalter stellten uns Stuhlpläne zur Verfügung, auf denen Croiset den Platz auswählte, für den er eine Voraussage machen wollte. Meist geschah dies am vorhergehenden Tage, für die letzte Etappe (Pirmasens) jedoch bestimmte Croiset am Tage des Experiments (3. Juni 1953) in der vorhergehenden Stadt, Neustadt an der Weinstraße, den Platz. In Gegenwart von Tenhaeff und mir machte Croiset um 14 Uhr die Voraussage für den in Pirmasens am selben Abend stattfindenden Platzversuch. Auf dem Bestuhlungsplan wählte er selbst Platz Nr. 73. Seine Aussagen, die er in holländischer Sprache machte, wurden auf Tonband aufgenommen, sogleich übersetzt und dann nochmals von Croiset in deutscher Sprache auf Band aufgezeichnet. Auf Wunsch von Croiset wurde das Experiment mit einem sogenannten »Greifversuch« gekoppelt. Er bat uns zu veranlassen, daß vor seinem Erscheinen im Vortragssaal Gegenstände von den Anwesenden eingesammelt und in einem verschließbaren Raum deponiert würden. Wenn die Zielperson des Platzversuchs erkannt würde, sollte sie aus den eingesammelten Gegenständen nach ihrer Wahl einen beliebigen herausgreifen. Auch zu diesem Objekt, in der Parapsychologie »Induktor« genannt, machte Croiset in Neustadt auf Tonband Aussagen, die den Eigentümer charakterisieren sollten. Die Kernaussagen, die zur Ermittlung der Zielperson führten, waren folgende:

»Wohnt diese Dame in der Nähe eines roten Gebäudes, vor dem hohe Trägersäulen sind. Ich sehe auch hohe Stufen. Kommt die Dame viel in dieses Gebäude. Ich habe den Eindruck, daß vor diesem Gebäude ein Zaun ist. Er macht einen etwas verfallenen Eindruck.

Hat sie vor kurzem etwas gelesen über Oberschlesien, oder hat sie über Oberschlesien ein Gespräch gehabt?

Ich sehe einen Drachen, der nicht aufsteigt. Es ist ein holländisches Sprichwort, das bedeutet: etwas erreichen wollen, was sich nicht erfüllt. Das hat etwas zu tun mit einem Mann von 28–32 Jahren, grauer Anzug, dunkelblondes Haar. Er trägt einen Pullover. Dieser Mann hat einen Plan gehabt, aber diese Dame ist dazwischengekommen. (Deshalb: Der Drache steigt nicht auf.)

Ich sehe eine grüne Zigarettendose. Die Dame rümpft davor die Nase.«

Gleich nach Betreten des Vortragssaales hat Croiset die Person erkannt, die er »gesehen« hatte. Es war eine junge Apothekerin, Frl. B., die jedoch nicht auf dem Platz saß, den wir – die Versuchsleiter – auf dem nicht numerierten Stuhlplan als Nr. 73 ausgezählt hatten, sondern zwei Plätze davon entfernt. Wenn ich mich recht erinnere, waren an der betreffenden vierten Reihe Klappstühle besetzt worden, die die Zählung veränderten. Mit den Aussagen »Gebäude« – »Drachen« – »Zigarettendose« rührte Croiset offenbar an ein stark affektiv betontes Erlebnis der Zielperson. Frl. B. hatte kurz vor dem Croiset-Versuch von einem ehemaligen Jugendfreund – mittlerweile hatte er geheiratet – einen Brief erhalten, in dem er ihr vorschlug, die Beziehung wieder aufzunehmen. Dieses Ansinnen beunruhigte und befremdete sie. Die Aussage: »rotes Gebäude, vor dem hohe Trägersäulen sind«, brachte sie gleich in Beziehung zu der Friedhofskapelle in Pirmasens. Sie hatte dort gerade an einer Beerdigung teilgenommen und sich dabei lebhaft an einen früheren Friedhofsbesuch im Jahre 1942 erinnert, als sie lange Zeit keine Nachricht von ihrem Jugendfreund aus Rußland erhalten hatte. Die in ihren Details nur teilweise richtige Aussage über das Gebäude mit Trägersäulen erfuhr eine besondere Bekräftigung dadurch, daß Croiset auf der Autofahrt von Neustadt nach Pirmasens in dem Ort Sarnstall auf eine Kirche mit einem säulengetragenen Vorbau und mit Stufen hinwies, mit der Bemerkung, einen ähnlichen Eindruck habe er bei seiner Vorschau gehabt. Bestärkt wurde die Überzeugung von Frl. B., die Zielperson zu sein, durch die Aussage über »Oberschlesien«: Ihre Mutter hatte vor dem Croiset-Versuch ein Buch über Schlesien auf den Tisch gelegt. Eine Studentin, die Frl. B. in München während des Studiums kennengelernt hatte und von der sie annahm, daß sie aus Schlesien stammte, kam am Tage des Versuches und begleitete abends Frl. B. in den Vortrag.

Nachdem Frl. B. bei der Veranstaltung als Zielperson identifiziert worden war, wählte sie – entsprechend dem Versuchsplan – aus den abgegebenen Gegenständen ein rotes Brillenfutteral. Die für die Identifikation der zweiten Zielperson – Eigentümerin des von Frl. B. gewählten Objektes – relevanten Kernaussagen, die Croiset in Neustadt auf Tonband gesprochen hatte, lauteten:

»Ich sehe ein Haus, das auf einer Anhöhe steht. Hat man dort im Haus über Kurzwellenbestrahlung gesprochen? Jemand hatte Schmerzen in der Lendengegend. Waren die früheren Bewohner dieses Hauses sehr orthodox? Steht im Hause ein verstimmtes Klavier? Speziell an der rechten Seite ist es verstimmt. Ist dennoch auf diesem verstimmten Klavier eine Sonate von Beethoven gespielt worden? Ich habe den Eindruck, daß auf diesem Klavier doch gespielt worden ist und diese Dame hat sich darüber geärgert. In der Nähe des Hauses ist ein in die Höhe führender Landweg. Ich sehe eine Einbuchtung, die einem weiblichen Mitglied dieses Hauses sehr bekannt ist. Mehr möchte ich darüber nicht sagen.«

Tenhaeff: »Ungewöhnlich ist, daß es hier um die Geschichte eines Hauses geht und nicht um die Geschichte eines Menschen.«

Nach der Abendveranstaltung in der Volkshochschule in Pirmasens begaben wir uns am nächsten Tag zu den Zielpersonen, um – soweit es möglich war – an Ort und Stelle nochmals zu verifizieren, was Croiset gesagt hatte. Hören Sie nun auf Tonband, was die Befragung der Eigentümerin des roten Brillenetuis ergab:

»Nun hat also Herr Croiset in Neustadt um halb drei Uhr Aussagen gemacht über die Sphäre dieses Brillenfutterals, die wollen wir jetzt einmal schnell durchgehen. Er sagte zuerst: ›Ich sehe eine Haus, das auf einer Anhöhe steht.‹«

»Das stimmt.«

»Und in diesem Haus befinden wir uns ja. Können Sie es mal ein bißchen beschreiben?«

»Das Haus hat einen gelben Verputz, ein rotes Ziegeldach, es liegt an einer nicht befestigten Straße und hat den Blick rundum frei nach drei Himmelsrichtungen.«

»Hat man dort im Hause über Kurzwellenbestrahlung gesprochen? Jemand hatte Schmerzen in der Lendengegend.«

»Ja, das stimmt. Ich hatte es gestern abend schon gesagt. Meine Mutter leidet seit ungefähr 14 Tagen oder fast drei Wochen an einer Nierenentzündung. Der Heilpraktiker, der ungefähr vor 10 Tagen im Hause war, hat auch von einer eventuellen Bestrahlung gesprochen.«

»Dann geht es weiter: Waren die früheren Bewohner dieses Hauses sehr orthodox?«

»Wir sind die Erbauer dieses Hauses und das Wort orthodox hat mich aufmerksam gemacht auf eine andere Überlegung, nämlich, daß Herr Croiset die andere Hälfte des Doppelhauses miteinbezieht in sein Bild. Einige Familienmitglieder im zweiten Stock des Nebenhauses, das zusammen mit unserem dieses Doppelhaus bildet, sind auf eine besondere Art fromm, man kann wohl sagen orthodox.«

»Es ist nämlich deswegen so interessant, weil wir in Neustadt zum erstenmal den Eindruck hatten, daß er seine Aussagen auf ein ganzes Haus bezieht, Herr Prof. Tenhaeff hat es noch eigens erwähnt. Da heißt es: Steht im Hause ein verstimmtes Klavier, speziell an der rechten Seite ist es verstimmt. Ich sehe besonders die rechten Tasten. Ist dennoch auf diesem verstimmten Klavier eine Sonate von Beethoven gespielt worden?«

»Ja ..., es stimmt, daß der Stutzflügel, der bei uns im Haus steht, sehr verstimmt ist. Der steht hier neben uns. Und ich habe mich in der Zwischenzeit besonnen. Ich habe meiner Nichte von nebenan ein Beethoven-Sonatenheft geliehen und bei dieser Gelegenheit noch einmal versucht, auf dem verstimmten Klavier ein paar Takte zu spielen. Ich habe damals die Sache abgebrochen, weil es zu häßlich in den Ohren klang.«

»Vielleicht zeigen Sie uns das einmal.«

»Ich habe ungefähr so gespielt.« *Sie spielt.*

»Ja, das hört man natürlich. Vielen Dank, dankeschön. –

Dann, Frau Fuhrmann, war noch eine Aussage. Er sagte, in der Nähe dieses Hauses ist ein in die Höhe führender Landweg. Ich sehe eine Einbuchtung.«

»Das stimmt in merkwürdigem Maße, denn es wird nicht sehr oft vorkommen, daß ein Haus wie unseres an einer Straße steht, die dann wirklich eine Einbuchtung hat, bevor das Haus und das Grundstück des Nachbarn beginnt. Das ist diese Stelle, an der bei uns alle Wagen, die in den Mühlberg einfahren, umdrehen, denn das ist eine Sackgasse und unser Haus ist das letzte.«

»Ich habe eben beim Herkommen gesehen, daß ein schmaler Weg nach oben führt.«

»Der Kinderweg. Er geht zum Kinderspielplatz.«

»Und da steht ein Baum. Stand davor auch eine Bank?«

»Ja, da war früher eine Bank.«

»Das ist – glaube ich, das Wesentlichste. Vielen Dank.«

28 Jahre nach diesem Experiment konnte ich die beiden Zielpersonen nochmals interviewen. Die Apothekerin, Frl. B., damals 32 Jahre alt, lebt nun im Ruhestand in Freiburg. Frau E. Fuhrmann, Schriftstellerin, wohnte bis zu ihrem Tod im Oktober 1982 immer noch in dem Hause, das Croiset in seiner Voraussage beschrieben hatte. Die beiden Zielpersonen, die meinen Bericht über dieses Experiment in der ›Zeitschrift für Parapsychologie und Grenzgebiete der Psychologie‹ nicht gelesen hatten, erinnerten sich an jede Einzelheit des Versuchs und waren von Croisets Leistung immer noch zutiefst beeindruckt. Ergänzende Details erbrachte das erneute Interview: So erklärte Frl. B., die sich bei der ersten Befragung am Abend der Veranstaltung nicht daran hatte erinnern können, was für eine Bewandtnis es mit der Zigarettendose haben könne. Sie hatte sich in der Mittagspause für den Vortragsabend gerichtet, zu dem sie als Objekt für angekündigte Hellseh-Versuche ein Armband mitnehmen wollte. Dieses Armband hatte sie ihrem Jugendfreund bei einem Fronturlaub 1942 als Gegengeschenk für eine Gabe von ihm geben wollen, es aber dann doch behalten, weil sie fürchtete, es könne ihn hindern. Sie hatte schon ihre Wohnung verlassen, als sie bemerkte, daß sie ihr Armband vergessen hatte. Sie ging zurück, um es zu holen, und überlegte sich dabei, was ihr Freund ihr denn eigentlich seinerzeit geschenkt hatte. Sie wußte nur, daß es etwas Per-

sönliches gewesen war, aber es war wie ausgelöscht aus ihrem Gedächtnis. Zu genau derselben Zeit machte Croiset in Neustadt die Aussage über die Zigarettendose. »Daß dann Herr Croiset dies für mich herausgefunden hat, das war natürlich überwältigend«, sagte sie 1981 in Freiburg und fügte hinzu, daß diese so persönliche und vor allem unwahrscheinliche Kombination ihr die absolute Überzeugung vermittelte, daß sie die Zielperson gewesen sei.

Für die Bewertung eines solchen kasuistischen Materials ist folgendes entscheidend: Die Aussagen gelten nicht beliebigen Personen, sondern sie gelten in einer spezifischen, eine paranormale Leistung fordernden und provozierenden Situation Personen, die bei einer bestimmten Veranstaltung auf einem bestimmten Platz oder zumindest in dessen Nähe sitzen werden und nach eigenem Ermessen einen bestimmten Gegenstand auswählen. Croiset scheint durch eine »präkognitive Schaltung« mit dem zukünftigen Platzinhaber und dem zukünftigen, eine Person bezeichnenden Objekt in Verbindung zu kommen. Dadurch kann ein telepathischer Kontakt mit diesen Personen begründet werden, der den Aussagen zugrunde liegt, die sich ja auf Gegenwärtiges und Vergangenes beziehen. Bei einer Weiterentwicklung der Platzexperimente wurden die Aussagen als Grundlage einer statistischen Bearbeitung mosaikartig aufgesplittert, wodurch allerdings die Strukturzusammenhänge, wie sie im Beispiel des Pirmasens-Versuchs die qualitative Evidenz begründen, nicht voll zu erfassen sind. Bei der Bewertung der Aussagen ist in manchen Fällen auch ein tiefenpsychologischer Zugang erforderlich. So gilt es beim Pirmasens-Beispiel zu bedenken, ob nicht die nur teilweise richtige Aussage, die die Zielperson Frl. B. sogleich auf die Friedhofskapelle in Pirmasens bezog, in Analogie zur »Traumarbeit« betrachtet werden kann. Nicht das ganze Gebäude ist rot – wie Croiset sagte –, sondern nur die tragenden Säulen. Rot ist die Affektfarbe. Die Friedhofskapelle war (und ist es bis heute) für Frl. B. im höchsten Maße affektiv betont. Sie kommt zwar nicht viel in dieses Gebäude, wie Croiset meinte, war aber zumindest zur Zeit des Versuches in ihren Gedanken oft dort. Das Gebäude macht auch keinen »etwas verfallenen Eindruck«, aber die Beziehung, für die die Friedhofskapelle als Bezugspunkt figuriert, ist verfallen. Es ist auch kein Zaun vor diesem Gebäude, aber die Zielperson versucht, sich von ihrem frustrierenden Jugenderlebnis abzugrenzen. Natürlich ist bei tiefenpsychologischen Interpretationsversuchen größte Behutsamkeit geboten. Man kann mit solchen Überlegungen ebensowenig einen strikten Beweis für die Richtigkeit der Vorschau Croisets führen, wie es möglich ist, eine Trauminterpretation im Sinne einer positivistischen Wissenschaftsauffassung strikt zu beweisen.

Später haben wir die Stühle ausgelost und sie nicht mehr der freien Wahl der Versuchsperson überlassen. Eines der ersten Experimente dieser Art demonstriert in eindrucksvoller Weise den affektiven Hintergrund der Aussagen Croisets, der – wie Tenhaeff vielfach nachgewiesen hat – um so bessere Resultate erzielte, je mehr das Zielobjekt – in den Platzversuchen der zukünftige Stuhlinhaber – Gefühlskomplexen, affektiven Erlebnissen von Croiset selbst entsprach. Bei der Vorbereitung eines Versuches mit 12 Teilnehmern im Freiburger Institut baten wir Croiset, Aussagen für die Person zu machen, die durch Ziehen eines Loses auf Stuhl 8 sitzen würde. Unter anderem sagte Croiset, dessen Angaben sich auf einen Mann bezogen: »Was hat er mit einer Kenau zu tun?« Auf meine Frage, was denn eine Kenau sei, erläuterte er, es handle sich um eine holländische Nationalheldin, die im Krieg gegen die Spanier Steine und heißes Öl von Befestigungsmauern auf die Angreifenden geschleudert hatte. Das Los Nummer 8 fiel auf den damaligen Intendanten des Süddeutschen Rundfunks, der sich von seinem Fahrer auf den Platz geleiten ließ, da er durch eine Verletzung beim Gehen behindert war. Die Aussagen Croisets trafen weder auf ihn, noch auf die anderen 11 Teilnehmer des Versuches zu. Schließlich befragten wir den Fahrer des Intendanten, der mit dem Stuhl Nr. 8 ja in Berührung gekommen war. Hier zeigte sich nun ein sehr hoher Prozentsatz von Zustimmung. Als dem Fahrer erklärt wurde, was eine Kenau sei, fiel ihm sofort ein Vorfall ein, der sich während seiner Gefangenschaft in Holland zugetragen hatte. Während er mit anderen Kameraden in einem offenen Güterwagen transportiert worden war, warfen holländische Frauen von einer Brücke Steine auf die Gefangenen. Croiset war während der Besetzung der Niederlande im Widerstand und konnte sich nur unter großen Gefahren dem Zugriff der Gestapo entziehen. Die Erinnerung an diese Zeit ist für ihn mit einem starken Affekt verbunden. Von diesem Affekt scheinen seine präkognitiven Eindrücke abgelenkt worden zu sein, als in der Nähe des Zielobjektes – der Person auf Stuhl Nr. 8 – sich ein Angehöriger der Besatzungstruppen befand. Aber das so konstellierte »affektive Feld« begünstigte auch die paranormale Leistung. Die Bedeutung seiner Eindrücke erkannte er offenbar nicht, denn er bemerkte zu dem Stichwort »Kenau«: »Hat der Mann vielleicht eine Xanthippe zur Frau?«

Die Methode der Platzexperimente wurde aufgrund der Erfahrungen während der Pfalzreise weiterentwickelt. So befragten wir in späteren Experimenten vor Bekanntgabe des von Croiset gemeinten Stuhles die gesamte Versuchsgruppe und berechneten aus der Summe der Zustimmungen mit Croisets Aussagen eine Gewichtszahl, die erkennen ließ, welche Aussagen im Rahmen der Versuchsgruppe als spezifisch gelten konnten und die Zielperson eindeutig kennzeichneten. In Anlehnung an ein von Croiset selbst vorgeschlagenes Verfahren arbeiteten wir auch mit sogenannten »reinen Losversuchen«: Croiset ließ bei Veranstaltungen an 20 beliebige Anwesende Lose mit den Nummern 1–20 verteilen, machte dann Voraussagen und ließ eine beliebige Person aus weiteren 20 Losen ebenfalls mit den Nummern 1–20 eines ziehen. Die hier gezogene Nummer bestimmte denjenigen Teilnehmer als Zielperson, der dieselbe Nummer besaß. Mit dieser Losmethode machten wir in Zusammenarbeit mit dem damaligen Assistenten des Münchener Philosophischen Seminars, Dr. Neuhäusler, am 20. Juli 1955 Experimente. Im Utrechter Parapsychologischen Institut waren 14 Tage vorher Voraussagen Croisets für einen männlichen und einen weiblichen Versuchsteilnehmer aufgezeichnet worden. Ohne Kenntnis der Voraussagen wurden durch einen Aushang Studenten zur Teilnahme an einem »Versuch über Zufallsaussagen« aufgefordert. Dieses Stichwort wählten wir, um eine möglichst neutrale Einstellung zu erzielen. Es waren 50 Teilnehmer vorgesehen. Unter den Zusagen war auch ein mir bekanntes Ehepaar. Erst nach Festlegung der Teilnehmerliste wurden uns die Aussagen Croisets bekannt gemacht und zur Ermittlung der Spezifität den männlichen und weiblichen Teilnehmern vorgelegt, die – mit

Ausnahme des Ehepaars – zusammengekommen waren. Einen Tag vor der Auslosung wurde die Rangordnung der Zustimmungswerte bestimmt, wobei sich Dr. Neuhäusler als vermutliche Zielperson des männlichen Losversuches sehr markant abhob. Der sich auf eine weibliche Person beziehende Losversuch hatte keine augenfälligen Höchstwerte ergeben. Am Tage vor der Auslosung fragte die mir bekannte Dame telefonisch bei mir an, ob sie anstelle ihres unabkömmlichen Mannes ihre gerade zu Besuch gekommene Schwester mitbringen könne, in deren Auto sie dann mitfahren würde. Ich zögerte mit der Antwort, da ich erst gründlich überlegen wollte, ob ich diesen Austausch methodisch verantworten könnte. Angesichts der Tatsache, daß die Aussagen Croisets zur weiblichen Zielperson schon drei Wochen vor dem Telefongespräch festgelegt waren, entschloß ich mich zuzustimmen. Croisets Aussagen wurden der neuen Teilnehmerin vorgelegt. Die Bewertung ergab eine so hohe Punktzahl, daß diese zur Stellvertretung vorgeschlagene Dame als vermutliche Zielperson angesehen werden mußte. Die Auslosung wurde in Gegenwart qualifizierter Zeugen vorgenommen. Es erschienen 49 Teilnehmer, die jeder ein Los zogen, das sie – ohne es anzusehen – bei sich behielten. Dann wurde ein zweiter Satz gründlich gemischter Loskarten auf einem Tisch ausgebreitet. Der Beobachter wählte eine Karte. Es war Nummer 8. Die im voraus für diesen Versuch ermittelte Zielperson, die in letzter Minute hinzugekommene Dame, deckte ihre Stichkarte auf: Es war ebenfalls Nummer 8. Der Versuch war positiv[8].

Dieses Experiment hat mich sehr beschäftigt. Ich grübelte darüber nach, was geschehen wäre, wenn ich den Wunsch meiner Bekannten, ihre Schwester mitzubringen, abgelehnt hätte. War ich am Telefon frei, ja oder nein zu sagen, oder war meine zustimmende Antwort schon determiniert? Ich löste das Dilemma für mich mit folgender Überlegung: Croiset nimmt in seiner Vorschau nur ein Endergebnis wahr, hätte ich nein gesagt, wäre seine Voraussage für ein positives Ergebnis anders ausgefallen.

Damit sind wir zum Abschluß unserer Betrachtungen beim vieldiskutierten Problem der Intervention angekommen, das unter dem Stichwort »Interventionsparadox« im Mittelpunkt theoretischer Überlegungen über die Präkognition steht. Es geht um die Frage, ob ein durch Präkognition, durch paranormale Vorschau, vorausgesehenes Ereignis vermieden werden kann. Angesichts der Tatsache, daß es logisch unmöglich erscheint, ein wirklich präkognitiv erfaßtes zukünftiges Vorkommnis verhindern zu können, hat vor Jahren Mrs. Louisa E. Rhine eine Untersuchung mit dem Ziel unternommen, herauszufinden, ob nicht doch in dem einen oder anderen Fall eine Intervention erfolgreich stattgefunden hat, was von eminenter theoretischer Bedeutung wäre. Aus ihrer Sammlung von Berichten stellte sie eine Stichprobe von 1324 Fällen spontaner Präkognition zusammen[9]. Eine kleine Zahl von Fällen aus diesem Material schien ihr die Bestätigung für eine erfolgreiche Intervention zu liefern, man konnte jedoch die meisten immer auch mehr oder weniger plausibel anders deuten. Schließlich blieben drei Fälle übrig, die ihr nahe an das Ideal eines erfolgreichen Eingriffs in ein durch Präkognition vorausgesehenes Geschehen heranzukommen schienen. Einer der Fälle sei kurz erwähnt: In einer Wachvision sah eine Mutter ihren ältesten Sohn Herbert tot in der Badewanne liegen. Das beunruhigte sie derartig, daß sie immer lauschte, ob alles in Ordnung war, wenn er badete. Ihm erzählte sie nichts, vertraute aber die Vision ihrem jüngeren Sohn Peter an. Herbert, schon seit Jahren nicht mehr im Elternhaus, kam einmal während seiner Ferien nach Hause. Die Mutter erinnerte sich immer noch an ihre Vision. Als sie im Begriff war, auszugehen, badete der Junge. Sie hörte ihn pfeifen und singen, brachte es aber nicht über sich, wegzugehen. Nach einer Weile hörte sie das Wasser ablaufen, er jedoch war still. Sie öffnete die Tür, und da lag er genau wie in ihrer Vision vor Jahren. Gas strömte aus, das Fenster war geschlossen. Ihr Sohn – schon betäubt – hätte nicht überlebt, wenn sie nicht Fenster und Türen aufgerissen und sofort den Arzt geholt hätte. In der Diskussion dieses und der anderen interventionsverdächtigen Fälle umriß Mrs. Rhine nochmals das Problem: »Wenn dem Begriff Präkognition die Bedeutung gegeben wird, eine festgelegte, determinierte Zukunft vorauszuschauen, dann kann eine solche Zukunft, der Definition entsprechend, nicht abgewendet werden; und umgekehrt: wenn ein vorausgesehenes Ereignis abgewendet werden kann, dann war es kein determiniertes, festgelegtes.« Sie maß diesen wenigen Fällen kein Entscheidungsgewicht zu, sah aber in ihnen mit Recht eine Herausforderung, mehr empirisches Material zu sammeln, über mögliche Experimente nachzudenken und vielleicht die fundamentalen Annahmen über Kausalität, Realität und Erfahrung neu zu überdenken. Das ist, wie ich noch erwähnen werde, inzwischen geschehen.

Zuvor aber noch einen Einwand gegen die Auffassung, ein solcher Fall zeige deutlich, daß Präkognition sich nicht auf Determiniertes beziehe: Wir wissen gar nicht, in welchem Umfang die Todesvision der Mutter im Sinne der Definition präkognitiv war. Es ist nicht auszuschließen, daß sie eine präkognitive Information über die Situation »still und leblos in der Badewanne« erhielt, daß aber das Bedeutungsbewußtsein »er ist tot« eine dramatisierende Nuance war, die ihr Unbewußtes, Quelle der Vision, vielleicht in warnender Absicht hinzufügte. Solche Übertreibungen kann man immer wieder in Träumen beobachten, die etwa eine Befürchtung in schreckhafter Weise darstellen, um das unaufmerksame Bewußtsein kompensatorisch auf eine Gefahr hinzuweisen, die es bagatellisieren will.

Mit dem Problem der Präkognition ist die Frage der Willensfreiheit verbunden. Wenn Freiheit die Fähigkeit ist zu bestimmen, was noch nicht bestimmt ist, dann hat sie in einer präkognitiv erfaßbaren, determinierten zukünftigen Realität keinen Ort. Im ersten Heft der »Zeitschrift für Parapsychologie und Grenzgebiete der Psychologie«, 1957, in dem über den Münchner Croiset-Versuch berichtet wurde, hat der Philosoph Anton Neuhäusler in einem Artikel »Praekognition, Zeit und Freiheit«[10] ein materielles und ein ideelles Seiendes unterschieden, die in jedem Gegenstand und Ereignis vorhanden seien. Das ideelle Seiende ist zeitlos, das materielle zeitlich, dem Nacheinander unterworfen: Ein Haus kann nicht gleichzeitig unversehrt und zerstört sein, die beiden Zustände folgen aufeinander. Der Modus des Nacheinander ist die Zeit. Aus der Tatsache, daß der Zeitfaktor unaufhebbar ist, zieht Neuhäusler den logischen Schluß – den wir hier nicht näher begründen wollen –, in der Präkognition könne nur eine Idee des künftigen Ereignisses, nicht dieses selbst in seiner zukünftigen Wirklichkeit, vorausgesehen werden. Der Sensitive sieht ein Zukunftsbild, einen ideellen Entwurf des Zukünftigen, der sich nicht notwendig realisieren muß. Die Erfüllung des Entwurfs – für den man noch ein plantragendes Weltbewußtsein hinzuspekulieren muß – kann verhindert werden. Das Interventionsparadox rettet die Freiheit. Die Ansicht moderner Physiker, die sich für Parapsychologie interessieren – und es gibt deren immer mehr – zum Problem der Präkognition hat Dr. W. v. Lucadou, Assistent am Lehrstuhl für Psychologie und Grenzgebiete der Psychologie der Universität Freiburg, kürzlich referiert: Einige Physiker halten Präkognition – im physikalischen Weltverständnis – zumindest für möglich. Feinberg z. B. aufgrund der Hypothese, daß es Tachionen geben könnte, die sich schneller als mit Lichtgeschwindigkeit bewegen und nicht der Relativitätstheorie widersprechen. Durch eine tachionische Wechselwirkung könnte so etwas wie »Präkognition als Erinnerung an die Zukunft« begreiflich werden. Tachionen sind aber bisher niemals nachgewiesen worden. Costa de Beauregard, ein französischer Theoretiker der Quantenphysik, hat ein Modell vorgeschlagen, bei dem es eine Wirkung gibt, die rückwärts und vorwärts in der Zeit verläuft. Fachleute wissen, daß es sich um Korrelationen zweier getrennter Systeme handelt, die mit Überlichtgeschwindigkeit erfolgen – die sogenannte »Nicht-Lokalität« der Quantenmechanik, das Einstein-Rosen-Podolsky-Paradox. Die Annahme, die es den Physikern erlaubt, den Sprung von einem physikalischen Paradox zur Präkognition zu vollziehen, hängt damit zusammen, daß die Beziehungen in dem genannten Paradox, bei dem zwei räumlich getrennte Systeme trotz ihrer Trennung in einer nicht von der Zeit abhängigen Verbindung stehen können, nicht in Informationsübertragung bestehen. Dieses Modell wird dann auf die Beziehung zwischen präkognitiver Aussage und zukünftigem Ereignis übertragen, die nicht als Informationsübertragung im üblichen Sinne vorzustellen sei, sondern – wie bei dem physikalischen Modell – als Korrelation. Die genannten Modelle sind nicht die einzigen Zeichen für die Schwierigkeit der Probleme: Auch der parapsychologisch in seinem Institut in Texas tätige deutsche Physiker Helmut Schmidt hat in einem Artikel »Kann die Wirkung der Ursache vorausgehen?« in der angesehenen Zeitschrift »Foundations of Physics« (8, 1978)[11] ein Modell dargestellt, das die Präkognition im naturwissenschaftlichen Sinne verständlich macht. Wie alle andern Physiker betont er ausdrücklich, daß eine präkognitive Aussage, eine hellseherische Vorschau, immer nur hinterher, post hoc, also nach dem Eintreffen des Vorausgesagten, als solche erkannt werden kann. Es ist prinzipiell unmöglich, im voraus Merkmale für die Echtheit einer paranormalen Vorschau des Zukünftigen anzugeben. Die Physiker vertreten die Auffassung, es bestünden keine theoretischen Schwierigkeiten in bezug auf Determination, Intervention und Willensfreiheit, wenn man darauf verzichtet zu sagen, man könne mit Präkognition irgend etwas Praktisches anfangen und sie ausnützen, indem man sich nach einer Voraussage richtet.

Diese Einschränkung entspricht der praktischen Erfahrung. Sie sollte immer bedacht werden, wenn wir heute in einer Art Endzeitstimmung mit Weissagungen überflutet werden, die uns ein Kursbuch schrecklicher Ereignisse vor der Jahrtausendwende vorlegen wie etwa die neuen Deutungen der »Zenturien« des Nostradamus, mit denen der französische Autor Jean-Charles de Fontbrune Hunderttausende in Angst versetzte[12].

Anmerkungen

1 G. Grober-Glück, Das »Zweite Gesicht« – traditioneller Volksglaube und Präkognition. In: Zeitschr. f. Parapsych. und Grenzgeb. der Psychol. 14 (1972), S. 102–129.
2 K. Schmëing, Das Zweite Gesicht in Niederdeutschland. Leipzig 1937.
3 H. Bender, Präkognition im qualitativen Experiment. In: Zeitschr. f. Parapsych. und Grenzgeb. der Psychol. 1 (1957/58), S. 1–36.
4 Chr. Mylius, Traumjournal. Experiment mit der Zukunft. Stuttgart 1974.
5 H. Bender und J. Mischo, »Präkognition« in Traumserien. In: Zeitschr. f. Parapsych. und Grenzgeb. der Psychol. I, 4 (1960), S. 114–198, II, 5 (1961), S. 10–47.
6 C. G. Jung, Seele und Tod (1934). Ges. W. 8 (1947).
7 U. Timm, Die statistische Analyse qualitativer paragnostischer Experimente. In: Zeitschr. f. Parapsychol. und Grenzgeb. der Psychol. 8 (1965), S. 78–122.
8 vgl. Anm. 3, »Präkognition in Traumserien«, S. 20ff.
9 L. E. Rhine, Precognition and Intervention. In: Journal of Parapsychology 19 (1955), S. 1–34.
10 A. Neuhäusler, Praekognition, Zeit und Freiheit. In: Zeitschr. f. Parapsych. und Grenzgeb. der Psychol. 1 (1957/58), S. 189–200.

11 H. Schmidt »Can an effect precede its cause? A model of an non-causal world« (1978). In: Foundations of Physics 8, S. 463–480.

12 J.-Ch. de Fontbrune, Nostradamus, Historiker und Prophet. Wien 1981.

Der Nostradamus-Boom

Durch die Verbreitung der Massenmedien weiß heute in Westeuropa in einer sich verdichtenden »Endzeitstimmung« beinahe jedermann, wer Nostradamus war. 1508 in der Provence als Sohn eines zum Katholizismus übergetretenen jüdischen Stadtnotars geboren, wurde Michel de Notre Dame (latinisiert »Nostradamus«) ein berühmter Arzt, Astrologe und Wahrsager, der als »Seher von Salon« in die Geschichte eingegangen ist. Salon ist eine kleine Stadt, nicht weit von Aix-en-Provence, wohin er sich nach einem bewegten Leben zurückzog und wo er seine dunklen Weissagungen verfaßte. Sie gehören zu den großen geschichtlichen Prophezeiungen, die durch die Jahrhunderte ihre Anziehungskraft nicht verloren haben. In Vierzeilern (»Quatrains«) geschrieben, sind sie zu je hundert in einem Buch (»Centuries« oder »Zenturien«) zusammengefaßt und sollen die Zukunft bis zum Jahr 3797 beschreiben. Die erste, noch unvollständige Ausgabe erschien 1555 in Lyon, eine zweite, dann vollständige Ausgabe 1568 bei Pierre Rigaud, zwei Jahre nach dem Tod des Sehers am 2. 7. 1566.

Die Quatrains sind in einer dunklen Sprache geschrieben, einem Gemisch aus Französisch im Languedoc-Dialekt, mittelalterlichem Latein und zahlreichen eingeflochtenen spanischen, italienischen, griechischen, hebräischen u. a. Fremdwörtern sowie eigenen Wortneubildungen und -umbildungen (Neologismen und Anagrammen). Z. B. bildet er aus Paris Rapis, aus France Nersaf, aus Lyon Loin, was auf Nebenbedeutungen hinweisen soll. Die angeblich zuerst in chronologischer Abfolge aneinandergereihten Zukunftsbilder – »Geoffenbarte Inspirationen«, wie er in der Vorrede an seinen Sohn Caesar schreibt – soll er später absichtlich durcheinandergewürfelt haben. Die Erklärung, daß er sich damit vor der Inquisition schützen wollte, scheint glaubhaft zu sein. Zugleich wollte er sie damit dem »profanen, unwissenden Volke« entziehen, wie er selbst in dem einzigen durchgängig lateinischen Vierzeiler sagt (VI, 100): »profanum vulgus et inscium ne attrectat«. Die orphische Dunkelheit der Weissagungen war zugleich die Garantie einer jahrhundertelangen neugierigen Aufmerksamkeit. Als in der Rückschau auffallende Übereinstimmungen historischer Fakten mit Aussagen der Quatrains von Anhängern des Sehers behauptet wurden, suchte man nach einem angeblich verborgenen Schlüssel für die Permutierung. So 1921 der deutsche Nostradamus-Exeget C. Loog, der aber nicht zu einem überzeugenden Ergebnis vordrang.

Der Ruhm des Nostradamus wurde schon zu seinen Lebzeiten begründet durch einen Quatrain der ersten Ausgabe, die »Star-Prophezeiung« des Magiers über den Tod König Heinrichs II. von Frankreich bei einem Turnierkampf, zumal dieser angeblich von dem Seher vorgewarnt worden sein soll, daß der Vers ihm gelte. In der neufranzösischen Übertragung durch Le Pelletier (der 1867 die erste kommentierte Nostradamus-Übertragung veröffentlichte) lautet er (I, 35):

Le lyon jeune le vieux surmontera,
En champ bellique par singulier duelle:
Dans cage d'or les yeux lui crevera,
Deux classes une, puis mourir, mort cruelle.

(Der junge Löwe wird den alten überwinden,
auf kriegerischem Feld im Einzelkampf.
Im goldenen Käfig die Augen wird der ihm ausstechen,
Von zwei Brüchen der erste, dann sterben,
grausamen Tod.)

Das Wort »classe« soll nach der Erklärung Le Pelletiers nicht »Klasse« heißen, sondern vom griechischen »classis« abgeleitet sein, was »gewaltsamer Bruch« bedeutet. Auch skeptische Nostradamus-Interpreten sehen in dieser Prophezeiung einen auffallenden Bezug zu einem Ereignis, das sich am 1. 6. 1559 zutrug: In einem Turnier hatte der französische König seinen Freund, den Grafen Montgomery, zum Gegner. Dessen Lanze bohrte sich durch das vergoldete Visier des königlichen Helms tief in dessen rechtes Auge, woran er am 10. Juli starb. Das, so die Interpreten, sei der erste Bruch am Baum der königlichen Valois-Familie gewesen, der zweite sei die Ermordung Heinrichs III. durch Jacques Clément am 1. 8. 1589 gewesen. In seinem Artikel »Rund um Nostradamus« in der kurzlebigen »Zeitschrift für kritischen Okkultismus« 1929 hat Carl Graf v. Klinckowstroem die prophetische Relevanz des berühmt gewordenen Quatrains allerdings bezweifelt: Ein wichtiges Argument war u. a., daß die Gegner gleich alt gewesen sein sollen – eine verdienstvolle Analyse, die aber an die semantische Exaktheit von Voraussagen zu hohe Anforderungen stellt. Für die Zeitgenossen waren die Prophezeiungen jedenfalls beeindruckend genug, so daß z. B. Francis Bacon auf seiner Frankreichreise (1576–79) diese wiederholt zu hören bekam.

Nostradamus wurde durch die Jahrhunderte diskutiert, als Scharlatan von Gegnern verhöhnt, als gottbegnadeter Seher von Anhängern bewundert. Goethes Faust sitzt in »Der Tragödie erster Teil« seit der Uraufführung 1829 am Hoftheater in Braunschweig auf allen Bühnen der Welt mit einem Buch des Nostradamus unruhig auf seinem Sessel am Pulte. Zu einem Nostradamus-Boom kam es nach dem Juli 1981: Der 46 Jahre alte französische Autor Jean-Charles de Fontbrune (ein Pseudonym) hatte in Fortsetzung der Nostradamus-Exegese seines Vaters, Max de Fontbrune, 1980 ein Buch mit dem Titel »Nostradamus – Historien et Prophète« auf den Markt gebracht, in dem er, durch Computer-Techniken unterstützt, die Quatrains des Sehers von 1555 bis zum Jahre 2000 lückenlos historischen Ereignissen zuordnete, retrospektiv bis zum Jahr des Erscheinens, prognostisch für die zwanzig Jahre, die uns noch von der Jahrtausendwende trennen. Der Autor, ein überzeugter Monarchist, hat die Erwähnung des Wortes »la rose« (die Rose war bereits zu Giscards Regierungszeit Symbol der französischen Sozialisten) für die Prognose in Anspruch genommen, die Sozialisten kämen an die Macht. Thérèse de Brosse in der Redaktion von »Paris Match« versprach ihm ein Interview, wenn er recht behalte. Er hatte Glück: Im Juli 1981 wurde es von dem bekannten Magazin veröffentlicht und löste einen Verkaufsboom aus. Innerhalb weniger Wochen wurden aus bisher mühsam verkauften 6000 Buchexemplaren 600000. Selbst Mitterrand, so berichteten die Zeitungen, las das Katastrophenbuch, das, vom Regierungswechsel profitierend, in Frankreich eine regelrechte Hysterie auslöste. Kein Wunder: de Fontbrunes Elaborat sagt eine Folge von Katastrophen für die kommenden Jahre voraus. Der Papst solle in Lyon ermordet werden, ein dritter Weltkrieg ausbrechen, eine sowjetisch-islamische Invasion Europa bezwingen, Paris werde von der zurückflutenden Roten Armee verbrannt, Avignon Hauptstadt, die Fünfte Republik werde spätestens im September 1984 blutig zusammenbrechen. Am Ende werde Europa unter der milden Hand des Franzosen Heinrich des Glücklichen (in unseren Tagen geboren) zur Monarchie zurückkehren. (Übrigens ist der Monarch nach Endzeitkatastrophen ein wiederkehrendes Motiv der »Großen Weissagung« – ein von Hübscher eingeführter Begriff.) Wohlhabende Kreise in Frankreich bereiteten Fluchtquartiere vor, es herrschte eine allgemeine Nervosität. »Paris-Match« veranstaltete eine Umfrage, die ergab, daß 70 Prozent aller Franzosen von de Fontbrune gehört hatten und 25 Prozent – also 14 Millionen Menschen – ihm bedingungslos Glauben schenkten. Im Zuge dieses Booms erlebte auch Vater Max de Fontbrunes Werk eine Auferstehung: 1938 erschienen, war es 1940 wegen angeblicher Deutschenfeindlichkeit von der Vichy-Polizei beschlagnahmt und verbrannt worden. Die Neuausgabe erschien mit einem Begleitbrief des amerikanischen Schriftstellers Henry Miller.

Es konnte nicht ausbleiben, daß der Boom in die Reihen der deutschsprachigen Verlage überschwappte. Der »Spiegel« zählt sie auf: Noch bevor Zsolnay sich in das Geschäft mit der Angst einschaltete und im Januar 1981 de Fontbrunes makabre Endzeitphantasie in einer Übersetzung vorlegte, war schon das Werk seines Vaters auf dem Markt (»Was Nostradamus wirklich sagte«). Die Nostradamus-gläubige Exegese von Alexander Centurio, im Turm-Verlag 1977 als »Prophetische Weltgeschichte« erschienen, kam nun in einem anderen Verlag als Lizenz unter dem Titel »Die großen Weissagungen des Nostradamus« heraus. Das Fernsehen schaltete sich ein. Der WDR produzierte mit dem Regisseur Igor Scherb einen 60-Minuten-Film »Der Prophet Nostradamus«, der am 23.2.1982 in der ARD gesendet wurde. Er zeigte die für das Leben des Sehers bedeutsamen Orte, ließ in Interviews de Fontbrune und die Redakteurin des »Paris-Match« zu Worte kommen und illustrierte eine Reihe von Quatrains mit ihnen zugeordneten historischen Vorgängen. So den Vierzeiler IX, 20, der auf den Flucht-Irrweg von Louis XVI. bezogen werden kann:

Die »Gazette Nationale« vom 14.6.1791 berichtete, »die Flucht des Königspaares ein Irrweg: hätte der König den Weg nach Verdun eingeschlagen, statt nach Varennes, so wäre die Flucht gelungen. Die Königin trug ein weißes Kleid, der König war in Grau gekleidet.« Nostradamus hatte über 200 Jahre davor gesehen: »Nachts werden durch die Pforte der Königin zwei Ehegatten auf einen Irrweg kommen, die Königin, der weiße Edelstein. Der König ist in Grau gekleidet; sie betreten Varennes.« Der Schluß der letzten Zeile soll mit den Worten »sang-tranche« auf das Hackbeil der Guillotine anspielen. In Varennes wurde das Königspaar verraten von einem Mann namens Saulce, dessen Name mit anderen Details, deren Zuordnung plausibel erscheint, im Quatrain IX, 34 auftaucht (Centurio, S. 157/58).

Weiter wurde in dem Film eine auf Napoleon bezogene Sequenz illustriert, die mit dem Quatrain I, 60 beginnt:

»Un empereur naîtra près d'Italie,
Qui à l'Empire sera vendu bien cher:
Diront avec quels gens il se rallie
Qu'on trouvera moins prince que boucher.«

(»Ein Kaiser wird geboren nahe bei Italien,
Der das Reich teuer zu stehen kommen wird:
Es werden Völker sagen, mit denen
er ein Bündnis schließt,
man finde in ihm mehr einen Schlächter
als einen Fürsten.«)

Die beiden letzten Zeilen in der englischen Übersetzung von E. Leoni: »They will say that from the sort of people who surround him. He ist to be found less prince than butcher.« Die Verachtung Napoleons für die Todesopfer seiner Feldzüge ist bekannt. Weitere Beispiele folgten, die, suggestiv dargestellt, auf den Zuschauer nicht ohne Wirkung bleiben mußten. Ein Geistlicher versuchte die Gefahr eines Schadens mit der Feststellung aufzufangen, Prophetie sei Aberglaube und die Nostradamus-Epidemie gehöre in den Bereich der nicht auszurottenden Scharlatanerie. Man übertrug mir ein Schlußwort, in dem ich mich gegen die Gleichsetzung von Prophetie und Scharlatanerie wandte unter Hinweis auf die parapsychologische Forschung, die die Möglichkeit einer Vorschau durch eine Analyse spontaner Phänomene und durch quantitative und qualitative Experimente nachgewiesen hat. Entscheidend für die skeptische Bewertung des Prognosecharakters eines Katastrophen-Kursbuches wie das von Max de Fontbrune sei die Tatsache, daß es niemals gelungen ist, aufgrund der Quatrains ein politisches Ereignis mit einiger Sicherheit *vorauszusagen*. Nur in der Rückschau lassen sich mehr oder weniger überzeugende Analogien zeigen. Le Pelletier fand 1867 schon 300. Wenn es auch nur 30 wären, die eine überzufällige Evidenz besitzen, wäre das schon bemerkenswert. Daß Prophetie nicht als verläßliche Vorschau manipuliert werden kann, gehört nach dem Urteil von Theoretikern, die die Brücke von der Quantenphysik zur Parapsychologie schlagen, zum Wesen des Prophetischen. Es gibt kein Kriterium, das die Richtigkeit einer prophetischen Aussage *im vorhinein* erkennen läßt. Wenn die Quatrains Prophetisches enthalten, verstärkt die Verschlüsselung eben dieses Wesen des Prophetischen.

In welcher Weise die Interpretation von Quatrains, die auf die Gegenwart oder Zukunft bezogen werden, von der jeweiligen politischen und sozialen Situation und der Einstellung der Deuter abhängt, versuchte ich an dem bekannten Vierzeiler V, 94 nachzuweisen:

> »Translatera en la Grand Germanie
> Brabant et Flandres, Gand, Bruges et Boulogne
> La trefve feinte, le grand Duc d'Arménie
> Assaillirà Vienne et la Coloigne.«

Centurio übersetzt (S. 215):

»Einverleiben wird er in Großdeutschland
Brabant und Flandern, Gent, Brügge und Boulogne
Im geheuchelten Waffenstillstand wird der große Führer
aus Armenien Wien und Cölln berennen.«

Leoni übersetzt (1961, S. 277):

»He will transfer into great Germany
Brabant and Flanders, Gent, Bruges et Boulogne:
The truce feined, the great (or grand) Duke of Armenia
Will assail Vienna and Cologne.«

De Fontbrune überschreibt diesen Quatrain mit folgenden Stichworten: »Die Rote Armee am Rhein, Invasion Deutschlands, Österreichs und Italiens.« Seine Übersetzung ins Neufranzösische lautet auf deutsch: »Der große armenische General wird überqueren Westdeutschland, Brabant, Flandern, Gent, Brügge und Boulogne, nachdem er Frieden vorgespiegelt hat, und er wird Österreich und die Gegend um Köln angreifen.« Dazu merkt er an, daß er »Grand Germanie« mit »Westdeutschland« übersetze, da dessen Territorium größer als das Ostdeutschlands ist. »Le grand Duc d'Arménie« sei wahrscheinlich ein Chef der Roten Armee armenischer Herkunft. Derselbe Vierzeiler war 1940 von dem Schweizer Astrologen Karl-Ernst Krafft als Hinweis auf den Sieg des Großdeutschen Reiches interpretiert worden. Mein Freund Ellic Howe ist mit detektivischem Scharfsinn der Vorgeschichte nachgegangen und hat sie in seinem Buch »Urania's Children« (1967) mit allen Details dargestellt. Er stieß dabei auch auf meine Spuren: Ich hatte Karl-Ernst Krafft eine Unterkunft in Urberg im Schwarzwald beschafft, wo er in Ruhe sein astrologisches Werk »Traité cosmobiologique« vollenden wollte. Politisch naiv, erhoffte er vom Nationalsozialismus eine Überwindung von Materialismus und Mechanismus. Im Sommer 1939 warnte er in einem Brief an die Reichskanzlei vor einem Anfang November drohenden Attentat auf Hitler. Ob dies aufgrund einer astrologischen Prognose, eines seherischen Einfalls oder einer Verbindung von beidem erfolgte, blieb ungeklärt. Als Berlin nicht reagierte, telegrafierte er kurz vor dem Attentat im Brügerbräukeller. Sofort nach dem mißlungenen Bombenanschlag kamen hohe SD-Funktionäre aus Berlin, um Krafft, in dem sie einen Mitwisser vermuteten, zu verhören. Als sich der Verdacht als unbegründet erwies, forderten sie Krafft auf, nach Berlin zu kommen. Gegen meinen Rat nahm Krafft die Einladung an und arbeitete hinter den Kulissen an astrologischen Gutachten über Persönlichkeit und Schicksalstendenzen hoher Militärs und Staatsmänner der Gegenseite. Goebbels erfuhr von ihm und beauftragte ihn auf Rat des an Okkultem interessierten Astronomen Dr. Kritzinger, eine Faksimile-Ausgabe der Nostradamus-Edition von 1568 in einigen hundert Exemplaren herzustellen und Interpretationen der Quatrains zu liefern, die zu Propagandazwecken in den frankophonen besetzten Gebieten verbreitet werden könnten. (Schon damals waren die Belgier und Franzosen Nostradamus-anfällig.) Das Stichwort »Großdeutschland« des Quatrains V, 94 schien dafür besonders geeignet. Krafft dachte bei der Zeile »le Grand Duc d'Arménie« zuerst an Stalin, der in Georgien, also in der Nachbarschaft Armeniens geboren war. Doch war es 1940 undenkbar, daß Stalin Wien und Köln angreifen sollte. Krafft schlug daher vor: Arminius, der Cheruskerheld, der 9 n. Chr. Geb., drei römische Legionen im Teutoburger Wald besiegt hatte, sei gemeint. Mit Arminius wurde dann der Führer Großdeutschlands gleichgesetzt, der im März 1936 seine Soldaten ins Rheinland und nach Köln schickte und dann nach Österreich, das er »heim ins Reich« holte. Zwei Jahre später besiegten seine Armeen Brabant, Flandern usw. So wurde dieser Quatrain 1940 von Krafft gutgläubig für den Sieg des Großdeutschen Reiches in Anspruch genommen.

Der englischen Rundfunkpropaganda gegen Deutschland waren diese »Okkultstrategien« natürlich bekannt. Sefton Delmer, 1941–1945 Leiter des »Political Warfare Executive«, einer Abteilung des Foreign Office für subversive Propaganda, in der auch Ellic Howe tätig war, ließ erfundene Gegeninterpretationen von Nostradamus in Deutschland verbreiten. Diese haben sich dann als richtig erwiesen.

Als Rudolf Heß am 10. Mai 1941 – nicht zuletzt aufgrund einer astrologischen Prognose der Erfolgskurve Hitlers – nach England flog, richtete sich die Wut des »Führers« gegen die von Heß geschützten Esoteriker, die Anthroposophen, Astrologen, Radiaesthesisten, Parapsychologen. Am 9. Juni 1941 begann eine Welle von Verhaftungen, Hausdurchsuchungen und Verdächtigungen. Krafft kam in Berlin »Schutzhaft«, von wo er – an einer Haftpsychose leidend – in das Konzentrationslager Buchenwald gebracht wurde. Er soll auf dem Wege dorthin gestorben sein. Ellic Howe hat in dem oben erwähnten Buch jede Einzelheit der okkulten Szene im Hintergrund des Nazi-Regimes mit einer kaum zu fassenden Akribie aufgezeichnet. Das Buch ist ein historisches Dokument.

In den »Süddeutschen Monatsheften, August 1932, den »Weissagungen« gewidmet, hat sich in einem Artikel über Nostradamus Jakob Hildenbrand mit dem hier in Frage stehenden Vierzeiler beschäftigt. Dort heißt es: »Daß es wieder ein Großdeutschland geben wird, sagt der Vers ›Übertragen wird auf Großdeutschland... Boulogne‹.« Die beiden letzten Zeilen, schreibt der Autor »sind heute unverständlich«. Nach Nostradamus werde ein Großdeutschland kommen, das die flandrische Küste miteinbeziehen und große Seegeltung besitzen werde (S. 749).

Eine wieder andere Lösung fand nach dem Zweiten Weltkrieg Alexander Centurio (der Historiker Zentgraf). Sein Stichwort ist: »Berlin im kalten Kriege unbesiegt.« Er übersetzt: »Einverleiben wird er (Hitler) in Großdeutschland Brabant usw. Im geheuchelten Waffenstillstand wird der große Führer aus Armenien (Stalin) Wien und Cölln berennen.« Zentgraf hatte – das schreibt er schon 1949 in einer Berliner Zeitung – in dem Wort »Cölln« den alten Namen für Berlin, lautend ›Cölln‹ – heute Neukölln – erkannt. Diese Zeilen sollen Stalins vergebliche Versuche demonstrieren, Wien und Berlin zu behalten. »Ein schicksalhafter Vierzeiler«, meint er, »der den Berlinern im kalten Kriege Mut zum Durchhalten gemacht hat.«

Angesichts dieser breiten Palette völlig heterogener Deutungen ein und desselben Textes konnte ich meinen Zuschauern nur empfehlen, sich durch das Katastrophen-Kursbuch des Bestseller-Autors de Fontbrune nicht ins Bockshorn jagen zu lassen.

In Frankreich liegen seit neuestem Nostradamus-Anhänger miteinander im Streit. Elisabeth Bellecour versucht in ihrem Buch »Nostradamus trahi« die Kollektiv-Psychose zu beschwichtigen. Sie zeigt, daß der für Franzosen empfindlichste Punkt: die angebliche Zerstörung von Paris 1983, aufgrund ein und desselben Quatrains schon für 1789, 1848, 1870, 1914 und 1940 vorausgesagt worden war. Die Quatrains als Projektionsfläche der Ängste – ein gewinnbringendes Geschäft mit der Endzeitstimmung.

Literatur

E. Bellecour, Nostradamus trahi. (Laffont) Paris 1981

N. A. Centurio, Nostradamus. Prophetische Weltgeschichte. (Turm) Bietigheim 1971, in Lizenz bei Goldmann: Die großen Weissagungen des Nostradamus, 1981.

Die Lust am Weltuntergang. In: Der Spiegel 53 (1981)

J.-P. Clébert, Nostradamus, mode d'emploi. (Lattès) Paris 1981

J.-Ch. de Fontbrune, Nostradamus. Historiker und Prophet. (Zsolnay) Wien 1981

J. Hildenbrand, Nostradamus. In: Süddeutsche Monatshefte 29 (1932), S. 742–749

E. Howe, Urania's children. The strange world of the Astrologers. (Kimber) London 1967

A. Hübscher, Die große Weissagung. (Heimeran) München 1952

C. v. Klinckowstroem, Rund um Nostradamus. In: Zeitschrift für kritischen Okkultismus 2 (1927), S. 89–104

E. Leoni, Nostradamus: Life and Literature. (Nosbooks) New York 1961

J. Robin, Réponse de Nostradamus à M. de Fontbrune. (Trédaniel) Paris 1981

E. Rösch, Das Schicksalsbuch der Weltgeschichte. Die Prophezeiungen des Michael Nostradamus. (Baum) Pfullingen 1922

Von sinnvollen Zufällen*

In einem Artikel »Revolte des Zufalls. Beiträge zur Philosophie und Ästhetik des happening« schreibt Günter Pfeiffer in der früher von mir herausgegebenen Zeitschrift »Neue Wissenschaft«: »Wenn Philosphen über Zufall und Notwendigkeit streiten wollen, zitieren sie das klassische Beispiel: Herr Meyer tritt aus dem Haus, es fällt ihm ein Ziegelstein auf den Kopf. Welche Beziehung besteht zwischen Herrn Meyer und dem Ziegelstein? Das ist die entscheidende Frage. Die Antworten mögen sehr verschieden sein, doch über einen Punkt sind sich alle Philosophen (sofern sie überhaupt eine Wirklichkeit im Erfahrungsraum anerkennen) völlig einig: Es ereignete sich. It happened. Es geschah also eine Art ›happening‹. Es ist der Nullpunkt aller Interpretation, das Ungedeutete, die Welt im Zustand der Unschuld.«[1]

Die erste Frage, die sich einstellt, ist die nach Zufall oder Notwendigkeit. War es ein blindes Geschehen, in dem zwei voneinander unabhängige Kausalreihen »zufällig« aufeinanderstießen, oder gibt es eine schicksalhaft lenkende Macht, die den Zusammenstoß arrangierte, sei es mit Hilfe einer verborgenen Kausalität oder auf dem Wege einer gezielten, eigenmächtigen Veranlassung? Diese Frage ist ebenso alt, wie sie erregend ist, und man kann Pfeiffer zustimmen, wenn er sagt: »Im Zufall sieht sich der Mensch mit dem kräftigsten Unruhestifter der Bewußtseinsgeschichte konfrontiert.«

Die Kunstform der »happenings« will diese Unruhe schüren, will unteleologisch in die Realität vorstoßen und auffordern, die Welt vom Nullpunkt der reinen Registrierung des Faktischen aus neu zu begreifen. Vorfälle des täglichen Lebens, die sich für un-

* Zuerst erschienen in: Zeitschrift für Parapsychologie und Grenzgebiete der Psychologie 4 (1973), S. 203–212.

sere Ratio in keinen sinnvollen Zusammenhang einordnen lassen, werden künstlerisch verwendet, um einen »freien Libidowurf« auf eine immer grenzenlosere Wirklichkeit zu provozieren. So versucht Christian Kellerer in seinem Buch: »Objet trouvé, Surrealismus, Zen«[2] die hier in Frage stehende Psychologie der modernen Kunst verständlich zu machen. In Meyers Lexikon findet man zu »Zufall« in diesem Sinne die Bestimmung: »Im gewöhnlichen Leben alles, was uns nicht als notwendig oder beabsichtigt erscheint oder für dessen Eintreten wir einen Grund nicht nachweisen können. Demgemäß wird die Zufälligkeit bald der Notwendigkeit, bald der Wesentlichkeit, bald der Absichtlichkeit gegenübergestellt.«

Vergegenwärtigen wir uns noch einmal das Modell-happening von Herrn Meyer und dem Ziegelstein: In diesem Gewande des Unfalls zeigt sich der Zufall am eindringlichsten. Im religiösen Bewußtsein erscheint er als Vorsehung, als sinnvolle Fügung, im technischen der heutigen Zeit besteht die Tendenz, ein solches Ereignis als blinden Zufall anzusehen. Die ständig wachsende Zahl von Verkehrstoten auf unseren Straßen unterstützt diese Meinung: den einen trifft's, den anderen nicht. Es ist eben Zufall, das unvorhersehbare Spiel des Möglichen, ein blindes, überraschendes Geschehen, wie es jeden von uns in jedem Augenblick packen kann.

Nun gibt es mit überraschender Gleichförmigkeit merkwürdige Vorkommnisse, die zu zeigen scheinen, daß solche Zufälle, die den einen treffen, den anderen nicht, in seltenen Fällen allerdings, vorausgesehen werden können. Die Parapsychologie, Wissenschaft von den sogenannten »okkulten« Erscheinungen, beschäftigt sich damit. Durch Sammlung vieler Fälle und vor allem durch Experimente im Laboratorium kam sie zu dem Ergebnis, daß es eine »außersinnliche Wahrnehmung« gibt, von der drei Formen: Telepathie, Hellsehen und Präkognition (Voraussehen) unterschieden werden. Telepathisch werden seelische Vorgänge von einer Psyche auf eine andere ohne Vermittlung der bekannten Sinnesorgane übertragen, hellseherisch verborgene objektive Sachverhalte erfaßt und präkognitiv das normal nicht erschließbare Zukünftige erkannt. Als im April 1973 ein englisches Charterflugzeug Hausfrauen aus drei Dörfern für einen

Tag auf die Basler Mustermesse bringen wollte, stürzte es desorientiert in einem völlig unerwarteten Schneesturm bei Arlesheim in der Schweiz in einen Wald. Viele Insassen kamen ums Leben. Eine Frau, die schon gebucht hatte, träumte den Unfall so voraus, wie er sich vollzogen hatte: Schneesturm, Wald, das Flugzeugwrack, die Toten. Sie erzählte den Traum ihrer Freundin und zog, zutiefst beeindruckt und geängstigt, die Buchung zurück. Sie hatte also das tragische happening vorweggenommen. Ob solche »Vorahnungen« – man nennt sie in der Parapsychologie »warnende Vorahnungen« – und andere prophetische, präkognitive Vorwegnahmen des Zukünftigen zwingend für eine Vorbestimmtheit, eine Determiniertheit des Geschehens sprechen, das dann nicht als zufällig im Sinne einer Beliebigkeit des Spiels von Möglichkeiten erscheinen würde, ist eine viel diskutierte, aber offene Frage. Die tiefenpsychologischen Aspekte dieser Fragen hat der Denver Psychoanalytiker und Parapsychologe J. Eisenbud in einem Buch »Paranormal Foreknowledge« (1982) behandelt[3].

Ich zitierte eingangs Pfeiffer: »Im Zufall sieht sich der Mensch mit dem kräftigsten Unruhestifter der Bewußtseinsgeschichte konfrontiert.« Man kann demgegenüber mit gutem Recht sagen, daß die paranormalen Erscheinungen der Wahrträume, des »zweiten Gesichts«, der Ahnungen, auch des »Spuks« – die durch die Jahrhunderte hindurch überliefert werden –, ebenso kräftige Unruhestifter sind: Sie konfrontieren den Menschen mit einer »verborgenen Wirklichkeit«, einer erweiterten Ordnung der Natur. Sie sprengen den bisherigen Beziehungsrahmen unserer wissenschaftlichen Weltauslegung, die auf dem Kausaldenken beruht, und zeigen, daß die Psyche unter besonderen Umständen offenbar Raum und Zeit überschreiten kann und damit Dimensionen des Wirklichen eröffnet, die vielleicht dem »Zufall« einen ganz anderen Stellenwert geben, als er im Beziehungsgefüge der anerkannten Naturgesetze denkbar ist.

Ich glaube, daß an dieser Stelle eine Regiebemerkung für das Verständnis nützlich sein könnte: Ich werde im folgenden Beispiele geben und analysieren, die – gemessen an den vertrauten Kategorien unseres Weltverständnisses – als zufällige »happenings« anmuten, in erweiterter Betrachtung aber einen Sinn erkennen lassen. Wir werden zwei Formen zu unterscheiden haben: solche, die auf die eben eingeführten Begriffe der Parapsychologie – Telepathie, Hellsehen und Präkognition – zurückgeführt werden können, und andere, bei denen dies nicht möglich ist.

Vor einiger Zeit machte ich im Freiburger Institut für Grenzgebiete der Psychologie ein Traumexperiment mit der Schauspielerin Frau Christine Mylius, deren zum Teil präkognitive Träume wir dreißig Jahre lang untersucht haben[4]. Das Experiment verfolgte keinen parapsychologischen Zweck: es sollte lediglich feststellen, ob Frau Mylius, wie viele andere auch, Träume »auf Bestellung« liefern könnte. Ich bestellte einen Traum zu dem Thema: »Ich habe das große Los gewonnen.« In einem verschlossenen Umschlag wurde ihr die Anweisung schriftlich überreicht. Sie sollte ihn vor dem Einschlafen öffnen und dazu träumen. Am nächsten Morgen berichtete sie mir, sie habe geträumt, aber leider nicht zu dem gewünschten Inhalt. In einem Vorort von Freiburg – sie war hier früher am Stadttheater tätig gewesen – habe sie das Haus eines ihr bekannten Musikers gesucht. Sie fand es, läutete an der Tür, ein flachsblonder Jüngling mit dunkler, hornumrandeter Sonnenbrille öffnete und sagte ausweichend: »Nein, den können Sie hier nicht finden.« Betreten wachte sie auf und notierte den Traumtext. Abends traf sie in Gegenwart eines Mitarbeiters des Instituts eine Kollegin aus ihrer früheren Freiburger Zeit. Deren neuer junger Freund kam dazu: ein flachsblonder Jüngling mit Sonnenbrille, Graf X., der Sohn des Musikers, den sie im Traum gesucht hatte. Sie wußte nicht, daß der alte Graf gestorben war. Man sprach über Träume, und ehe Frau Mylius von dem Experiment berichtete, sagte der junge Mann: »Heute nacht habe ich einen so merkwürdigen Traum gehabt – ich habe geträumt, daß ich das große Los gewonnen habe.«

Ein in der Tat merkwürdiger Zufall – werden viele sagen –, aber es kann ja einmal vorkommen, daß man zufällig dasselbe träumt wie jemand anderes. Ich habe allen Grund zur Vermutung, daß dieses Vorkommnis nicht zufällig ist, sondern daß es sinnvoll determiniert ist. Es entspricht einem Muster, das wir öfters beobachten konnten. Offenbar sind hier unbewußt wechselseitige psychische Verbindungen telepathischer Art entstanden, die wahrscheinlich von Frau Mylius ausgingen. Sie hatte ohne Namensnennung gehört, daß ihre Kollegin von früher einen jungen Freund habe. Daran hat sie gefühlsmäßig Anteil genommen. Aus dieser Motivation und anderen Beweggründen entstand – so interpretieren wir den Vorgang – ein »affektives Feld«, eine unbewußte psychische Verbindung, in der nun der junge Graf X. zum Vollzugsorgan des Traumbefehls wurde. Wie der Kontakt zustande kommt, wie die Informationsübermittlung erfolgt – dieses wechselseitige Voneinander-»Wissen« ist mit Mitteln der heutigen Naturwissenschaft unerklärlich, aber es geschieht. Kapriziert man sich darauf, hier von »Nichts-als-Zufall« zu sprechen, so ist dies eine Bemäntelung des Geständnisses der Unkenntnis: Man ist mit der Parapsychologie nicht vertraut und spricht von Zufall, weil man die Möglichkeit einer paranormalen Bedingtheit eines solchen Geschehens nicht kennt.

Unerklärliche Wirkungen können nach den Erfahrungen der Parapsychologie auch auf die Welt der materiellen Dinge übergreifen. Unter vielen gleichgearteten Fällen berichtete eine Frau N. dem Freiburger Institut:

»Am Morgen des 28. 8. 1944 fällt in meinem Schlafzimmer ein Spiegel herunter und geht in tausend Scherben. Ich schaue unwillkürlich auf meine Uhr, es ist 9 Uhr 57, und denke, was mein Mann, der in Rußland eingesetzt ist, wohl im Augenblick macht. Da ›sehe‹ ich plötzlich in den Spiegelscherben seinen Kopf, dann die ganze Gestalt: der Körper liegt unter Wasser. Eine Sekunde etwa war das Bild da, dann war es wieder weg. Später habe ich von meinem Mann erfahren, daß er an eben diesem Tage kurz vor 10 Uhr schwer verwundet wurde. Über fünf Stunden lag er mit seiner Verwundung im Schlamm, nur der Kopf war frei. Dann wurde er von den Kameraden gefunden und abtransportiert.«

Ein Spiegel zerbricht im Augenblick einer lebensbedrohenden Gefährdung einer fernen Bezugsperson, des Ehemannes, und löst bei der Beobachterin, seiner Frau, ein halluzinatorisches Erlebnis aus, das zwar keine exakte, aber eine annähernde Information über seinen Zustand vermittelt und – im Lichte dessen, was vorhin über die außersinnliche Wahrnehmung dargestellt wurde – vermutlich telepathisch bedingt ist. Aber der Spiegel – was ist mit dem Spiegel? Experimentelle Ergebnisse der Parapsychologie machen es denkbar, daß auch dieses materielle Ereignis mehr als blinder Zufall ist und in einem paranormalen Beziehungszusammenhang steht: Es kann sich nämlich um ein sogenanntes »psychokinetisches« Phänomen handeln. Unter Psychokinese versteht die Parapsychologie eine physikalisch vorläufig nicht erklärbare direkte psychische Wirkung auf materielle Vorgänge. Überzufällige Beeinflussung fallender Würfel durch Wünschen einer bestimmten Augenzahl demonstrieren ein solches Geschehen im Laboratorium, am deutlichsten wird es in »Spuk«-Ereignissen, bei denen sich Gegenstände auf rätselhafte Weise bewegen oder – wie in dem weithin bekannt gewordenen Fall der Anwaltskanzlei in Rosenheim (1967)[5] – elektrische Glühbirnen explodieren, Bilder von der Wand fallen, Meßinstrumente unerklärlich ausschlagen und anderes mehr. Auslösend sind Personen, meist Jugendliche, die unter der Wirkung innerer Spannungen vorübergehend zu »Medien« geworden sind und ihre Unruhe psychokinetisch entladen. In Analogie dazu ist es plausibel, daß in unserm Fall die Berichterstatterin durch eine zunächst unbewußte telepathische Information tief beunruhigt, diese symbolisch am Spiegel entladen hat. Daran anschließend – so kann man interpretieren – durchbrach die Information die durch den Schock gesenkte Bewußtseinsschwelle und führte zu der kurz aufblitzenden Halluzination.

Ich muß besonders betonen, daß diese im Raster der Parapsychologie eingefangenen »sinnvollen Zufälle« damit nicht erklärt sind – außersinnliche Wahrnehmung und Psychokinese können zur Zeit in das Beziehungsgefüge der Wissenschaft, die nach der Kantschen Definition ein nach Prinzipien geordnetes Ganzes ist, nicht eingegliedert werden. Sie werden durch diese Betrachtungsweise lediglich in Verbindung mit empirisch gesicherten Ergebnissen der parapsychologischen Forschung gebracht, und es bleibt die offene Frage, wie Psyche und Natur, die hier aufeinander wirken, eigentlich beschaffen sind, welche neuen Aspekte von Mensch und Welt hier sichtbar werden.

Wie ich schon ankündigte, gibt es nun einen immer wieder berichteten Typus von rätselhaften Phänomenen, die gewissermaßen »von außen betrachtet« wie ein blind zufälliges Zusammentreffen von Kausalreihen, wie eine quasi mechanische Kreuzung eines Kausalnexus mit einem andern anmuten, die aber auf den Menschen bezogen einen Sinn offenbaren und die – das ist das wesentliche – mit dem Raster der außersinnlichen Erfahrung und der Psychokinese nicht einzufangen sind. Das sind im Sprachgebrauch der Parapsychologie die eigentlichen »sinnvollen Zufälle«. Ein Beispiel: Eine in Straßburg im Elsaß wohnende Dame fotografierte kurz vor dem Ausbruch des Ersten Weltkrieges ihr erstes Kind im Schwarzwald, gab den Film in Straßburg zur Entwicklung, zog kurz darauf nach Frankfurt und vergaß, ihn abzuholen. Zwei Jahre darauf wollte sie ihr zweites Kind aufnehmen. Sie kaufte einen Film. Bei der Entwicklung stellte sich heraus: Er war doppelt belichtet. Die erste Belichtung zeigte ihr erstes Kind im Schwarzwald. Das gut dokumentierte Beispiel stammt aus einem berühmt gewordenen Buch: »Der Zufall und das Schicksal« des bekannten Schriftstellers Wilhelm von Scholz[6] – eine in zahlreichen Auflagen erschienene Erweiterung eines 1924 in der »Frankfurter Zeitung« veröffentlichten Artikels »Der Zufall als Vorform des Schicksals«. Dieser Aufsatz hatte eine außerordentliche Resonanz: von Scholz erhielt viele Briefe von Lesern, die eigene Erlebnisse mitteilten – oft mit dem Ausdruck der Erleichterung, daß sie nun plötzlich eine Klarheit gewonnen hätten, die ihnen vorher fehlte. Von Scholz sprach von einer »Anziehungskraft des Bezüglichen«, von einem Spannungsfeld, in dem das Wunderbare geschieht, in dem etwa, wie in unserm Beispiel, Eigentum auf verschlungenen Wegen zu seinem Besitzer zurückkehrt. Wie in einer magischen Welt – meint der Autor – scheint der Schmerz über den Verlust des Filmes ihn herangezogen zu haben. Andere Beispiele beziehen sich auf Symbole der Partnerschaft, auf Eheringe. Eine Dame berichtete ihm: Sie hatte beim Baden in einem See ihren Ring verloren und trotz sofortigen Suchens im Wasser nicht wiedergefunden. Als sie acht Jahre später wieder an derselben Stelle badet, fällt sie im Wasser hin – und der Ring sitzt an ihrem Finger. Einen schönen Fall erzählt der Maler Moritz von Schwind: Als er mit seiner Frau im Annatal bei Eisenach spazierte, verlor sie ihren Ehering. Alles Suchen war vergebens. Im nächsten Frühjahr gingen die beiden wieder einmal dort spazieren. Auf einmal sehen sie etwas von einer Königskerze leuchten – es war der Ring, der mit der Pflanze hochgewachsen war. Er kehrte zu der Eigentümerin zurück.

Neben solchen kleinen anekdotischen Begebenheiten stehen »sinnvolle Zufälle«, die einen schicksalhaften Aspekt in der ganzen existentiellen Tragweite des Begriffes haben. Sinnvolle Zufälle, die sich auf den Lebenspartner beziehen – sie werden häufig berichtet – machen dies besonders deutlich. Ein Fall aus meiner nächsten Verwandschaft, einwandfrei dokumentiert: Als 14jähriges Mädchen besuchte Frau G. mit ihren Eltern, einem jüngeren und einem älteren Bruder den Mont-Saint-Michel an der französischen Ostküste. Während die Älteren die Abtei besuchten, besah sie mit ihrem jüngeren Bruder die vielen parkenden Autos und kletterte in einen besonders schönen Wagen. Ein Chauffeur – berichtete sie indigniert – habe sie in einer fremden Sprache angeschnauzt und herausgeworfen. Acht Jahre später lernte sie in München ihren zukünftigen Mann kennen – einen skandinavischen Ingenieur. Verheiratet blätterte sie in seinen Fotoalben und fand ein Bild vom Mont-Saint-Michel mit dem Wagen und dem Chauffeur: Sie war in das Auto ihres späteren Mannes gestiegen. Die eigentliche Pointe ist nun aber diese: So wie sie aus dem Auto herausgeworfen wurde, ist sie Jahre später durch Verschulden des Mannes aus der Ehe herausgeworfen worden. Die Scheidung lag Jahrzehnte als ein Schatten über ihrem Leben. Ein zufälliges Ereignis, aber sinnvoll: Man kann sich kaum des Eindrucks erwehren, es als eine Art Orakel für eine zukünftige Entwicklung zu betrachten. Hätte Frau G. die Sache mit dem Auto geträumt und vielleicht eine Zeichnung von der Traumszene angefertigt, hätte es nahegelegen, einen präkognitiven Traum anzunehmen. Ein Fahrzeug tritt oft in Träumen als Symbol einer Triebsituation auf, und es wäre plausibel gewesen, den Hinauswurf aus dem Auto als gleichnishaft-anschauliche Darstellung der Scheidung zu deuten. Nun hat sie die Szene nicht geträumt, sondern wirklich erlebt. Mit den Begriffen der Parapsychologie ist das Sinnvolle dieser Begebenheit nicht zu erfassen. Ich sprach über diesen und andere Fälle mit Carl Gustav Jung, dem großen Schweizer Psychologen, der diesen paranormalen Erfahrungen während seines ganzen Lebens als Wissenschaftler die größte Beachtung schenkte. Er gab zu verstehen: ob geträumt oder wirklich erlebt, es ist ein und dasselbe. Es äußern sich darin dieselben hintergründigen Beziehungen zwischen Natur und Psyche. Das Außergewöhnliche liegt nicht in bestimmten Fähigkeiten zur außersinnlichen Wahrnehmung, sondern im Ereignis selbst. Das kausal nicht zu Begreifende, anscheinend »Wunderbare« kann eintreten, wenn sich die Psyche in einer Verfassung befindet, in der tiefliegende Dispositionen des »kollektiven Unbewußten« aktiviert sind. Diese »Archetypen« genannten, mit starker psychischer Energie geladenen Dispositionen können dann zu Durchbrüchen durch die Raum- und Zeitmauer führen und als »anordnende Operatoren« außerhalb des Raum-Zeitkontinuums zu solchen sinnvollen Koinzidenzen führen. Es handelt sich um eine Gleichsinnigkeit, die sich in einem Strukturgefüge vollzieht, das die dreidimensionale Welt überschreitet, um Vorgänge, die aufeinander bezogen sind, ohne daß eine ursächliche Verknüpfung nachweisbar wäre. Eine solche nicht-kausale, nur in einem gemeinsamen Sinn erscheinende Verbindung zwischen Natur und Psyche nennt C. G. Jung im Einverständnis mit dem Physiker Wolfgang Pauli »synchronistisch«. »Synchronizität als ein Prinzip akausaler Zusammenhänge« heißt Jungs grundlegender Beitrag in einem Buch »Naturerklärung und Psyche«, das er 1952 zusammen mit Wolfgang Pauli veröffentlichte[7]. Parapsychische Erscheinungen wie Telepathie, Hellsehen, Präkognition und Psychokinese, sinnvolle Zufälle im engeren Sinne, schicksalhafte Begegnungen, Vorzeichen und Orakel werden im Lichte dieser Hypothese als verschiedene Aspekte ein und desselben, Kausalzusammenhänge in den Dienst stellenden, aber sie übergreifenden synchronistischen Prinzips gesehen. C. G. Jung erklärt in seinem Artikel, daß er seit der Mitte der zwanziger Jahre immer wieder auf Zusammenhänge stieß, die er nicht mehr als zufällige Gruppenbildung oder Häufung zu erklären vermochte. Es handelte sich um Koinzidenzen, die sinngemäß derart verknüpft waren, daß ihr »zufälliges« Zusammentreffen im Sinne des Wahrscheinlichkeitsbegriffs der Mathematik und Naturwissenschaft eine Unwahrscheinlichkeit darstellt, welche durch eine unermeßliche Größe ausgedrückt werden müßte.

Bekannt geworden ist sein Scarabäus-Beispiel: Eine junge Patientin hatte in einem entscheidenden Moment ihrer Behandlung einen Traum, in welchem sie einen goldenen Scarabäus zum Geschenk erhielt. Jung saß, während sie ihm den Traum erzählte, mit dem Rücken gegen das geschlossene Fenster. Plötzlich hörte er hinter sich ein Geräusch, wie wenn etwas leise an das Fenster klopfte. Er drehte sich um und sah, daß ein fliegendes Insekt von außen gegen das Fenster stieß. Er fing es im Fluge: es war die nächste Analogie zu einem goldenen Scarabäus, welche unsere Breiten aufzubringen vermochten, nämlich ein Scarabaeide, der »gemeine Rosenkäfer«. Dieser hatte sich offenbar veranlaßt gefühlt, gerade in diesem Moment entgegen seinen sonstigen Gewohnheiten in ein dunkles Zimmer einzudringen. Für die Patientin öffnete dieser »sinnvolle Zufall« die Schleusen ihres bislang völlig versperrten Unbewußten, und die Analyse schritt rasch vorwärts.

Jung weist bei der Entwicklung seines Synchronizitäts-Prinzips auf eine Abhandlung Schopenhauers hin, die ihm Pate gestanden habe: »Über die anscheinende Absichtlichkeit im Schicksale des Einzelnen«[8]. Sie handelt von der Frage der »Gleichzeitigkeit des kausal Nichtzusammenhängenden, das man ›Zufall‹ nennt«. Schopenhauer veranschaulicht diese Gleichzeitigkeit durch Parallelkreise, welche eine Querverbindung zwischen als Kausalketten gedachten Meridianen herstellen. In der deterministischen Auffassung des Philosophen der »Welt als Wille und Vorstellung« gehen diese Kausalketten alle auf eine erste Ursache zurück. Aus diesem anschaulichen Bild der Meridiane und der Querverbindungen leitet Schopenhauer seine Behauptung ab, die eine Aussage zum »sinnvollen Zufall« im Bereich der Partnerschaftsbeziehungen ist: »Alle Ereignisse im Leben eines Menschen stünden demnach in zwei grundverschiedenen Arten des Zusammenhanges: erstens im objektiven, kausalen Zusammenhang des Naturlaufs; zweitens in einem subjektiven Zusammenhange, der nur in Beziehung auf das sie erlebende Individuum vorhanden und so subjektiv wie dessen eigene Träume ist ... Daß nun jene beiden Arten des Zusammenhangs zugleich bestehen und die nämliche Begebenheit als ein Glied zweier ganz verschiedener Ketten doch beiden sich genau einfügt, infolge wovon jedesmal das Schicksal des einen zum

Schicksal des anderen paßt, und jeder der Held seines eigenen, zugleich aber auch der Figurant im fremden Drama ist, dies ist freilich etwas, das alle unsere Fassungskraft übersteigt und vermöge der wundersamsten harmonia praestabilita als möglich gedacht werden kann.«

Nach Schopenhauers Ansicht ist das Subjekt des großen Lebenstraumes der transzendentale Wille, die erste Ursache, von welcher alle Kausalketten ausstrahlen und vermöge der Parallelkreise in einer sinngemäßen Gleichzeitigkeitsrelation stehen. Das war zu einer Zeit gedacht, als die Kausalität als eine im vorhinein unbezweifelbar gegebene Kategorie noch absolute Gültigkeit besaß. Heute ist dies nicht mehr der Fall, und man kann wagen, die Kategorie der Gleichsinnigkeit als Naturprinzip neben die der Kausalität zu stellen.

»Die anscheinende Absichtlichkeit im Schicksal der einzelnen« – das Thema der Schopenhauerschen Spekulation wird – wie ich schon andeutete – oft in einer bestürzenden Weise deutlich, wenn man rückblickend die Wege vergegenwärtigt, wie der Lebenspartner gefunden wurde. Es zeigt sich dann, daß winzige »Zufälligkeiten« der Kausalmeridiane, um das Schopenhauersche Bild zu gebrauchen, instrumental für die Auslösung existentiell bedeutsamer Vorgänge werden. Ich möchte abschließend diese Zusammenhänge aus eigenem Erleben veranschaulichen: Als 19jähriger vergaß ich bei einer Einladung meine Handschuhe, mit denen man damals noch ausgerüstet war. Beim Abholen kam ich mit der klugen Dame des Hauses in ein Gespräch, in dem sie mir riet, doch einmal wegen Studienproblemen mit einem ihr befreundeten Heidelberger Dozenten zu sprechen. Dieses Gespräch bewog mich, einen akademischen Lehrer in Heidelberg als zukünftigen Doktorvater zu wählen, mit dem ich bald darauf nach Bonn ging, wohin er einen Ruf erhalten hatte. Dort lernte ich eine Studentin kennen. Es war eine Liebe auf den ersten Blick. Ein Foto zeigte ich bald darauf stolz meiner Mutter, die ich in Zürich traf. Sie wurde sehr nachdenklich und offenbarte mir zögernd, daß dieses Mädchen eine außerordentliche Ähnlichkeit mit einem Manne habe, mit dem sie nahezu verlobt war, von dem sie sich aber trennte. Dieser Mann erwies sich als der Vater meiner Freundin. Er war zufällig auch gerade in Zürich, und meine Mutter sah ihn nach 25 Jahren wieder. Er erkannte mich sofort an der Ähnlichkeit mit meiner Mutter und war aufs höchste betroffen. Es stellte sich weiter heraus, daß die Dame, die mir den Rat gegeben hatte, nach Heidelberg zu gehen, nach der Trennung von meiner Mutter seine Freundin war. Das Mädchen ist viel später meine Frau geworden. Die vergessenen Handschuhe waren die Auslöser unserer Begegnung. Ein sinnvoller Zufall, bei dem die hintergründigen Zusammenhänge in der Tat – wie Schopenhauer sagt – »alle unsere Fassungskraft übersteigen«. Doch zeichnen sich durch die parapsychologische Forschung Konturen einer »erweiterten Natur« ab, in denen die innige Verbindung objektiver Seiten des Naturlaufs und psychischer Aspekte aufgrund empirischer Forschung Gestalt gewinnen. Die cartesianische Kluft zwischen Geist und Materie ist fraglich geworden.

Anmerkungen

1 G. Pfeiffer, Revolte des Zufalls. Beiträge zur Philosphie und Ästhetik des happening. In: Neue Wissenschaft 16 (1968), S. 106–116.
2 Ch. Kellerer, Objet trouvé, Surrealismus, Zen. Reinbek 1968.
3 J. Eisenbud, Paranormal Foreknowledge. Problems and Perplexities. New York 1982.
4 Ch. Mylius, Traumjournal. Experiment mit der Zukunft. Stuttgart 1974.
5 H. Bender, Neue Entwicklungen in der Spukforschung. In: H. Bender: Telepathie, Hellsehen und Psychokinese. Aufsätze zur Parapsychologie I, S. 52–60.
6 W. v. Scholz, Der Zufall und das Schicksal. 4. Aufl., Leipzig 1942.
7 C. G. Jung, Synchronizität als ein Prinzip akausaler Zusammenhänge. Ges. W. 8.
8 A. Schopenhauer, Über die anscheinende Absichtlichkeit im Schicksale des Einzelnen. In: Parerga und Paralipomena I.

Kriegsprophezeiungen

Teil I: »Der prophetische Franzose«

I. Die Feldpostbriefe des Landwehrmannes Andreas Rill

Unter dem Titel »Der prophetische Franzose« veröffentlichte der Benediktinerpater Frumentius Renner (Kloster St. Ottilien bei München) in einer Missionszeitschrift 1953 und in der Zeitschrift »Neue Wissenschaft« 1955/56 einen Bericht über zwei Feldpostbriefe, die ein bayerischer Soldat, der Schreinermeister Andreas Rill, am 24. und 30. oder 31. August 1914 aus den Vogesen an seine Familie in Untermühlhausen (zwischen München und Landsberg gelegen) geschrieben hat. In diesen Briefen – jeweils vier Seiten eines kleinen Briefbogens – erzählt der Schreiber von Aussagen eines »prophetischen Franzosen« über den gerade begonnenen Krieg, den Deutschland verlieren werde, und über kommende Jahrzehnte mit Revolution, einer Diktatur und der Niederlage nach einem zweiten Krieg, die zu einer Spaltung Deutschlands führe. Voraussagen über ein drittes kriegerisches Weltgeschehen, eingehüllt in chiliastische Gedankengänge, beschließen die Visionen, die in einfacher Sprache mit dem zwielichtigen Gefühlshintergrund ungläubiger Verwunderung und dann doch einer spürbaren Beunruhigung berichtet werden.

Zur Geschichte der Briefe macht P. Renner aufgrund seiner Ermittlungen folgende Angaben: Der Verfasser der Briefe rückte gleich zu Beginn des Weltkrieges 1914 ein und wurde westlich von Straßburg in der Offensive gegen Frankreich eingesetzt. In der zweiten Augusthälfte sei von der Gruppe, der Andreas Rill angehörte, ein französischer Zivilist in einem Garten abends festgenommen und in das Quartier des Schreibers gebracht worden, das er mit einem Leutnant, einem Unteroffizier und weiteren vier Mann teilte. Bald war der ganze Kreis beteiligt. Aus den späteren Berichten des Briefschreibers ist zu entnehmen, daß sich die Soldaten über die Zukunftsenthüllungen amüsierten und den Visionär verlachten. Ein Unteroffizier G... aus München soll besonders ausfallend gegen ihn geworden sein. Der Visionär soll sich dann drohend gegen den Spötter mit den Worten gewandt haben: »Sie sind ein abgrundschlechter Mensch. Sie kommen aus diesem Krieg nicht mehr heim. Sie werden auch nicht begraben werden wie andere Leute, denn Sie verdienen es nicht. Ihr Fleisch werden die Raben zerhacken.« Pater Renner schreibt, daß Andreas Rill seiner Familie diesen Vorgang immer wieder erzählte und von dieser Prophezeiung tief beeindruckt worden war, da sie sich offenbar erfüllte. Der Unteroffizier kam von einer Patrouille nicht zurück, und man konnte ihn wegen des feindlichen Feuers nicht bergen. Monate später seien die Gebeine gefunden worden. In Erinnerung an die Prophezeiung soll der Kompaniechef selbst hingegangen sein, um die Identifizierung vorzunehmen. Nun wurden die Voraussagen ernstgenommen. Andreas Rill erzählte sie immer wieder. Er bekam Schwierigkeiten im Dritten Reich, da er schon vor Beginn der Naziherrschaft das Ende eines kommenden Diktators vorausgesagt hatte.

Pater Frumentius Renner lernte den ersten Brief im Frühjahr 1941 durch den Hausarzt der Familie Rill, Dr. Arnold, kennen. Aufgrund der Anfeindungen und Gefahren, denen der Briefschreiber im Dritten Reich ausgesetzt war, kam der zweite Brief – so berichtet P. Renner – erst 1945/46 in die Hände von Dr. Arnold und damit auch zu seiner Kenntnis.

Pater Renner hat in seiner Publikation die Briefe »mit ganz wenigen sprachlichen Berichtigungen und einzelnen Änderungen in der Rechtschreibung« im Wortlaut wiedergegeben.

Die beiden Briefe wurden 1946 und 1947 von Pater Josef Alto Ziegenhaus, OSB, fotografiert und abgeschrieben. Aus dem Nachlaß des 1948 verstorbenen Dr. Arnold erhielt Pater Renner den ersten Brief. Das Original des zweiten ist nicht auffindbar.

Im ersten Brief gibt der Schreiber Andreas Rill offenbar aus frischem Gedächtnis wieder, was er von dem Gespräch des Leutnants mit dem Visionär behalten hat. Er erzählt den Vorgang als eine Kuriosität, die er nicht sonderlich ernst zu nehmen scheint. Im zweiten Brief wird erkennbar, daß Rill zwischen Zweifel und

Glaube hin und her schwankt. Pater Renner betont, daß die beiden Briefe keine vollständige Darstellung der Prophezeiungen des Unbekannten sind. Einzelheiten habe Rill mündlich berichtet, mehr aber im Laufe der Jahre vergessen. Der am Ende des ersten Briefes erwähnte Vater des Schreibers ist 1917 gestorben, seine Schwester Anna, nach der er im zweiten Brief fragt, schon 1915.

Der 1. Brief (A)

Geschrieben am 24. August 1914
Meine Lieben!
Habe Deine Karte erhalten und bin noch gesund, was ich auch von Euch allen hoffe. Sonst geht der Krieg weiter und vorwärts. Wir sind heute in Ruhe, und da will ich Euch von dem Komplizen schreiben, den ich im letzten Brief erwähnt habe. Ein sonderbarer Heiliger, denn es ist nicht zum Glauben, was der alles gesagt hat. Wenn wir wüssten, was alles bevorsteht, würden wir heute noch die Gewehre wegwerfen, und wir dürfen ja nicht glauben, dass wir von der Welt was wüssten. Der Krieg – sagte er – ist für Deutschland verloren und geht ins fünfte Jahr, dann kommt Revolution, aber sie kommt nicht recht zum Ausbruch; der eine geht und der andere kommt; und reich wird man; alles wird Millionär, und soviel Geld gibts, dass mans beim Fenster rauswirft und klaubts niemand mehr auf. Lächerlich! Der Krieg geht unter der Fuchtel weiter und es geht den Leuten nicht schlecht, aber sie sind nicht zufrieden.
Unter dieser Zeit – sagt er – wird der Antichrist geboren im äussersten Russland, von einer Jüdin, und er tritt erst in den fünfziger Jahren auf. Dann sagte er, an dem Tage, wo Markustag auf Ostern fällt. Wenn das sein soll, weiss ich nicht.
Vor dem kommt ein Mann aus der niederen Stufe, und der macht alles gleich in Deutschland, und die Leute haben nichts Rechtes zu reden, und zwar mit seiner Strenge, dass es uns das Wasser bei allen Fugen raustreibt. Denn der nimmt den Leuten mehr, als es gibt, und straft die Leute entsetzlich,

denn um diese Zeit verliert das Recht sein Recht, und es gibt viel Maulhelden und Betrüger. Die Leute werden wieder ärmer, ohne dass sie es merken. Jeden Tag gibts neue Gesetze, und viele werden dadurch manches erleben oder gar sterben. Die Zeit beginnt cirka 32 (1932; P. F. R.) und dauert neun Jahre, alles geht auf eines Mannes Diktat – sagt er – dann kommt die Zeit 38; werden überfallen und zum Kriege gearbeitet. Der Krieg dauert nicht ganz drei Jahre und endet schlecht für diesen Mann und seinen Anhang. Das Volk steht auf mit den Soldaten. Denn es kommt die ganze Lumperei auf und es geht wild zu in den Städten. Er sagte, man soll unter dieser Zeit kein Amt oder dergleichen annehmen, alles kommt an den Galgen oder wird unter der Haustür aufgehängt, wenn nicht an Fensterblöcke hingenagelt; denn die Wut unter den Leuten sei entsetzlich, denn da kommen Sachen auf, unmenschlich. Die Leute werden sehr arm, und die Kleiderpracht hat ihr Höchstes erreicht und die Leute sind froh, wenn sie sich noch in Sandsäcke kleiden können.

Vom Krieg selbst, sagt er, dass keiner was bekommt vom anderen, und wenn sich die Schweiz an Deutschland anschliesst, dann dauert es nicht mehr lange, und der Krieg ist aus. Deutschland wird zerrissen, und ein neuer Mann tritt zutage, der das neue Deutschland leitet und aufricht. Wer das fleissigste Volk besitzt, erhält die Weltherrschaft. England wird dann der ärmste Staat in Europa, denn Deutschland ist das fleissigste Volk der Welt. Am Schluß kommt noch Russland und fällt über Deutschland her, wird aber zurückgeschlagen, weil die Natur eingreift, und da wird in Süddeutschland ein Platz sein, wo das Ereignis sein sollte, wo die Leute von der ganzen Welt hinreisen, zu schauen.

Dann sagt er, dass der regierende Papst dabei sei beim Friedensschluss, muss aber zuvor in Italien fliehen, da er als Verräter hingestellt wird, und er kommt nach Köln, wo er nur einen Trümmerhaufen findet, alles kaputt. Und im Jahre 43 kommt erst der Aufstieg. Dann kommen gute Zeiten. Auch von Italien sagt er, dass es gegen uns geht und in einem Jahr den Krieg erklärt und beim 2. Krieg mit uns geht.

Italien wird furchtbar zugerichtet und viele deutsche Soldaten finden dort ihr Grab.
Wir sagten, der hats doch nicht ganz recht, oder er spinnt. Ihr werdet darüber lachen, denn das ist doch nicht zum glauben. Der Mann sprach mehrere Sprachen; wir haben ihn ausgelacht, aber der Leutnant sprach mit ihm die ganze Nacht, und was er noch alles gesagt hat, könnt Euch nichts denken. Jetzt hab ich genug am Schreiben, und Ihr braucht da nichts zu glauben. Ich schreibe nur, damit Ihr seht, was es für Menschen gibt.
Sonst weiss ich heute wenig, bin gesund, und morgen gehts weiter; man ist halt im fremden Land; hoffentlich geht der Krieg bald zu Ende und nicht, wie der sagte. Was gibts Neues zuhause, und sind schon wieder ein (welche; P F. R.) fortgekommen? Sonst habe ich noch keinen getroffen. Ich hoffe, der Brief wird Euch alle gesund antreffen; und gebt mir bald wieder Antwort. Die Adresse ist noch die gleiche. Haben die Leute schon bald alles zuhause vom Feld, da die Leute doch fehlen jetzt mit dem Krieg? Kommt der Vater auch hie und da rauf ...? Nun muß ich schliessen und sende Euch allen die herzlichsten Grüsse aus weiter Ferne ... und macht Euch keine Sorgen, es wird schon durchgehen.
Viele Grüsse an alle (im Dorfe; P. F. R.). Die werden sich den Krieg ganz leicht vorstellen. Aber da haben die Leute keine Ahnung. Vorgestern Hauptmann Bauchschuss und viele verwundete S. (Soldaten; P. F. R.)
Viele Grüsse
Euer Vater
Bald schreiben!

Der 2. Brief (B)

Frankreich, den 30. August 1914
Liebe Anna und Kinder!
Habe endlich Euren Brief vom 17. mit Dank erhalten, und nun wirds schnell Zeit, einige Zeilen zu schreiben. Hoffentlich habt Ihr meinen Brief schon in Händen. Sonst gibt es

nichts Neues bei uns. Man sagt, der Krieg ist bist Weihnachten zu Ende. Hoffentlich geht es Euch gut ... Den Brief vom prophetischen Franzosen werdet Ihr auch schon haben. Da werde ich nicht fertig, was der alles gesagt hat. Denke immer an ihn. Es scheint fast unglaublich, und ich will noch Einiges Euch mitteilen. Denn ob das wirklich kommen soll, ist wie ein Hirngespinst.

Da hat er immer wieder betont von den dunklen Männern, die dieses Unheil bringen sollen; und die sind in der ganzen Welt verteilt, an der Zahl sieben. Und die Zahl sieben hat eine grosse Bedeutung, und der Stuhl 12, den dieser Mann zur Zeit bekleidet, ist voll Schrecken und Morden. Er spricht und mahnt die Völker zur Rückkehr, aber alles umsonst. Die Menschen werden immer weiter ins Unglück getrieben und schlechter, und alles will nur Ware und Besitz haben.

Steht an der Jahreszahl vier und fünf, dann wird Deutschland von allen Seiten zusammengedrückt, und das zweite Weltgeschehen ist zu Ende. Und der Mann verschwindet, und das Volk steht da und wird noch vollständig ausgeraubt und vernichtet bis ins Unendliche ... Aber die Feinde stehen auch nicht gut miteinander ... Die Dunklen werden es leiten (bestrebt sein; P. F. R.), die Völker mit grossen Versprechungen zu beruhigen, und die Sieger kommen in das gleiche Ziel wie die Besiegten. In Deutschland kommen dann Regierungen, aber (sie; P. F. R.) können ihr Ziel nicht ausführen, da ihr Vorhaben immer wieder vereitelt wird.

Der Mann und das Zeichen verschwinden, und es weiss niemand wohin; Aber der Fluch im Innern bleibt bestehen, und die Leute sinken immer tiefer in der Moral und werden immer schlechter. Die Not wird noch viel grösser und fordert viele Opfer. Die Leute bedienen sich sogar aller möglichen Ausflüchte und Religionen, um die Schuld an dem teuflischen Verbrechen abzuwälzen. Aber es ist den Leuten alles gleich, denn der gute Mensch kann fast nicht mehr bestehen während dieser Zeit und wird verdrängt und verachtet. Dann erheben sich die Leute selbst gegeneinander, denn der Hass und Neid wachsen wie das Gras und (die Leute; P. F. R.) kommen noch immer weiter in den Abgrund.

Die Besatzungen lösen sich voneinander und ziehen ab mit der Beute des Geraubten, was ihnen auch sehr viel Unheil bringt, und das Unheil des dritten Weltgeschehens bricht herein. Russland überfällt den Süden Deutschlands, aber kurze Zeit, und den verfluchten Menschen wird gezeigt werden, dass ein Gott besteht, der diesem Geschehen ein Ende macht. Um diese Zeit soll es furchtbar zugehen, und es soll den Leuten nichts mehr helfen, denn die Leute sind zu weit gekommen und können nicht mehr zurück, da sie die Ermahnungen nicht gehört haben. Dann werden die Leute, die noch da sind, ruhig, und Angst und Schrecken wird unter ihnen weilen. Denn jetzt haben sie dann Zeit, nachzudenken und gute Lehren zu ziehen, was sie zuvor nicht gewollt haben.

Am Schluss dieser Teufelszeit werden dann die geglaubten Sieger an die Besiegten kommen um Rat und Hilfe, denn auch ihr Los ist schrecklich, denn es liegt alles am Boden wie ein Ungeheuer. Er sagte, das soll im Jahre 1949 sein. 47 und 48 sollen die Jahre dieser wilden Einkehr sein. Wer weiss, ob wir bis dort noch leben, und es ist ja nicht zum glauben, und ich schreibe es nur, damit Ihr seht, was der alles gesagt hat, und von den Kindern erlebt die Zeit doch eines.

Beim dritten Geschehen soll Russland in Deutschland einfallen und zwar im Süden bis Chiemgau, und die Berge sollen da Feuer speien, und der Russe soll alles zurücklassen an Kriegsgerät. Bis zu Donau und Inn wird alles dem Erdboden gleich gemacht und vernichtet. Die Flüsse sind alle so seicht, dass man keine Brücke mehr braucht zum Hinübergehen. Von der Isar an wird den Leuten kein Leid mehr geschehen, und es wird nur Not und Elend hausen. Die schlechten Menschen werden zugrunde gehen, als wie wenns im Winter schneit; und auch die Religion wird ausgeputzt und gereinigt. Aber die Kirche hält den Siegestriumph, sagt er. In Russland werden alle Machthaber vernichtet. Die Leichen werden dort nicht begraben und bleiben liegen. Hunger und Vernichtung ist in diesem Lande zur Strafe für ihre Verbrechen.

Da muß man doch lachen über diese Reden; und wir lachten.

Aber (er; P. F. R.) sagte, von uns erlebts nur einer, und der wird an mich denken. Nun, was soll das werden? Es ist fast nicht glaubhaft.
Im Jahre 48 (?) geht die Strafe Gottes zu Ende, und die Menschen werden sein wie die Lämmer und zufrieden wie noch nie. Und von Siegerträumen hört es auf, und es ist ausgestorben in den Ländern. Ich glaub, bis dahin leb ich nicht mehr. Macht Euch aber keine Gedanken darüber! Was gibt es bei Euch Neues? Wie gehts meiner Schwester A...?
(Nachschrift): Die Buben werden lachen über den Schwefel von dem Mann.

II. Untersuchung der Authentizität der Feldpostbriefe

Diese 1953 erstmals veröffentlichten Feldpostbriefe sind lange kaum beachtet worden. Ich habe die Prophezeiung erst kennengelernt, als der Journalist W. J. Bekh eine Rundfunksendung über bayerische Hellseher für den Sender München vorbereitete und mich im Freiburger Institut aufsuchte. Die prophetischen Angaben, ihre Echtheit unterstellt, schienen mir so bedeutungsvoll, daß ich Pater Renner bat, mich bei einer Nachuntersuchung zu unterstützen. Diese sollte vor allem der Bekräftigung der Authentizität gewidmet sein, Material über zusätzliche mündliche Angaben erheben und versuchen, auf die Spur des unbekannten Visionärs zu kommen.

1. Befragung der Familienangehörigen

Mit freundlicher Unterstützung von P. Renner wurden zunächst die Familienangehörigen exploriert. Die von den Kindern des 1958 verstorbenen Andreas Rill gegebenen Informationen waren dem Pater zum großen Teil schon bekannt.

Der in Weil (Oberbayern) – dem Geburtsort des Briefschreibers – lebende Siegmund Rill (geboren 1906), zweitältester Sohn, gab an: »Im Juni oder Juli 1915 ist mein Vater in Urlaub gekommen. Da hat er erzählt, er war in oder bei Colmar, da waren sie eine Nacht einquartiert in einem Kloster, und da war ein alter Mann, mit dem haben sie sich abends unterhalten. Sie haben geäußert: ›Bis Weihnachten sind wir wieder zu Hause.‹ Da hat er gesagt – das war 1914 –: ›Da werdet ihr euch bitter täuschen, der Krieg dauert über vier Jahre.‹« Rill berichtete weiter über die Äußerungen des Unbekannten gegenüber dem Unteroffizier, der ihn verlachte, und über Fragmente aus den Briefen, die er offenbar selbst nicht gelesen hatte. Sein Vater habe das 1915 in einer Wirtschaft erzählt, er sei aber nicht dabei gewesen. Ein Bäcker, zu dem ihn seine Mutter schickte, habe ihn aber darauf angesprochen mit den Worten: »Dein Vater spinnt, er hat in der Wirtschaft gesagt, der Krieg dauere vier Jahre und noch länger.« Das habe er dann der Mutter erzählt, die den Vater ermahnte, nicht so viel zu reden. Auch nach seiner Rückkehr aus dem Feld habe sein Vater die Briefe erwähnt, die die Mutter »in der Kammer droben« aufgehoben habe. Vor der Nazizeit habe er immer gesagt: »Jetzt kommt der strenge Herrscher, der bringt den Krieg und der Krieg ist wieder verloren.« Nebendran sei er gestanden, als vielleicht 1936 zwei Kriminalbeamte kamen und seinen Vater wegen dieser Äußerung zur Rechenschaft zogen. Er habe dann »von dem Franzosen« erzählt, der seinerzeit gesagt hätte, er sei mehrfacher Millionär gewesen, habe alles verschenkt und sei dann ins Kloster gegangen. Er sei früher Freimaurer gewesen und mit Gottes Hilfe diesen entronnen.

Ende 1917 seien die Leute, die von der Einheit noch übrig waren, wieder in die Nähe von Colmar gekommen. Sein Vater habe sich nach dem Kloster erkundigt und erfahren, daß er es in einem Fußmarsch von zwei Stunden erreichen könne. Er sei hingelaufen, der Pförtner habe ihm gesagt, der Mann lebe nicht mehr und hinzugefügt: »Aber was Ihnen der Mann erzählt hat, das ist Wahrheit.«

Auf die wiederholte Frage, ob er wüßte, daß Briefe über die Prophezeiungen existierten: »1918 hat der Vater gesagt: ›Ich hab' das heim geschrieben, der Brief muß heute noch da sein.‹ Und die Mutter hat darauf gesagt: ›Geh' hinauf und such' ihn im Kasten drin.‹«

Der jüngere Sohn, Andreas (geboren 1909), gab von dem Vorfall, der zu dem Gespräch mit dem Visionär führte, die Darstellung, die Pater Renner nach den Angaben von Dr. Arnold übernommen hat. Vermutlich hat sich auch der Briefschreiber in ähnlicher Weise geäußert. Auch er erinnerte sich daran, daß lange vor der Hitlerzeit in der Familie immer wieder von den Briefen die Rede war. Der Vater habe auf den Prophezeiungen beharrt und immer wiederholt: »Das hat er gesagt.« In bezug auf den dritten Krieg habe er hinzugefügt: »Ich erlebe es nimmer, aber ihr Buben denkt noch an mich.« Der dritte Krieg dauere nur ganz kurz. Der Papst müsse fliehen, um sein Leben zu retten. Der Osten verliere, und der Papst werde zurückgebracht. Von dem dritten Krieg habe der Vater gesagt, er komme noch in diesem Jahrhundert in Zusammenhang mit der »gelben Gefahr«.

Wenig ergiebig war die Befragung von Frau Kathi Schaid (geboren 1910), einer Tochter des Briefschreibers, die verwitwet in Leitershofen bei Augsburg wohnt. Sie sagte, daß sie schon vor dem Hitler-Regime von den Feldpostbriefen gehört habe, daß ihr Vater immer von »dem Franzosen« sprach, der Freimaurer gewesen sei. Von den Briefen weiß sie, daß während des Krieges ihre Mutter den Feldpostbericht über »den Franzosen« für Dr. Arnold habe heraussuchen müssen. Von dem dritten Krieg habe der Vater gesagt, er sei ganz kurz und »die Russen gehen genauso unter wie die Nazis«.

2. *Ergänzung zur Geschichte der Briefe*

Auf Bitten des Hausarztes Dr. Arnold (Schwabhausen) wurde der erste Brief, der ihm schon vor dem Zweiten Weltkrieg bekannt war, 1941 herausgesucht und ihm übergeben. Pater Renner (seinerzeit Sanitätssoldat in einem von Dr. Arnold geleiteten Militärhospital) bekam 1941 den ersten Brief einige Zeit in die Hand und ließ eine Abschrift von Bruder Valentino Reitberger, inzwischen verstorben, in Schleyern anfertigen, wohin die Klostergemeinde nach Schließung des Klosters St. Ottilien ausgewichen war. 1946 übergab Rill Dr. Arnold den zweiten Brief. Von beiden Briefen ließ P. Frumentius 1946 Fotografien durch P. Josef Alto Ziegenaus, jetzt Caracas, anfertigen. Auf Anfrage bestätigte P. Ziegenaus diesen Sachverhalt. Die betreffenden Platten wurden 1975 anläßlich eines Umzugs in Südamerika vernichtet.

Die 82jährige Witwe Dr. Arnolds gab an, daß die beiden Briefe auf Wunsch ihres 1948 verstorbenen Mannes dem Münchner Internisten Prof. Lepsche (Maria-Theresia-Klinik) übergeben wurden. Dieser ließ nach Angaben von P. Renner Schreibmaschinen-Abschriften herstellen, von denen sich Ablichtungen im Freiburger Institut befinden. Am Ende des zweiten Briefes findet sich folgende Bemerkung: »Der Schreiber dieses Briefes, Rühl, Andreas (sic), ein Bauer aus der Nähe von St. Ott. lebt noch. Beim Einmarsch im Elsaß 1914 kam er mit einem gefangenen Franzosen zusammen, der sieben Sprachen sprach und den Soldaten die ganze Nacht von der Zukunft erzählte. Das Ergebnis sind die beiden Briefe. Auch von Norddeutschland sagte er Verschiedenes, so z. B., daß der Russe bis zum Rhein vordringt und dort geschlagen wird.

Die Briefe sind echt. Beide Originale sind noch vorhanden.«

Frau Arnold hat den ersten Feldpostbrief nach dem Tode ihres Mannes Anfang der siebziger Jahre in einer alten Brieftasche wiedergefunden und P. Renner ausgehändigt. Das Original des zweiten Briefes ist z. Zt. verschollen.

3. Kriminaltechnische Untersuchung des 1. Briefes

Ein durch einen Spezialisten erstelltes Gutachten konstatierte, daß das als Schriftträger verwendete Papierblatt keine Merkmale aufweist, die darauf hindeuten, daß es künstlich gealtert wurde. Eine direkte Schriftalter-Bestimmung der Bleistiftschrift sei jedoch nicht möglich. Anhand der Kreuzungsstellen der Bleistiftstriche mit den das Papierblatt durchquerenden Faltfurchen sei zu sagen, daß zur Zeit der Herstellung der Bleistiftstriche die Faltfurchen – sofern überhaupt vorhanden – nur relativ schwach ausgeprägt waren. Die Frage zu klären, heißt es in dem Gutachten weiter, ob das Schriftstück in der genannten Zeit oder später angefertigt wurde, sei bei der Art des Materials nicht möglich. Es seien aber auch keine Anhaltspunkte für eine Fälschung festzustellen.

Eine noch vorhandene Feldpostkarte vom 1. November 1914, die Andreas Rill an einen Verwandten schrieb und die an ihn mit dem Stempel zurückgekommen war »Zurück! Welches von vielen Lazaretten?«, zeigt dieselbe Handschrift wie die Feldpostbriefe.

4. Militärgeschichtliche Dokumente über die Truppenzugehörigkeit des Briefschreibers Andreas Rill

Mit freundlicher Unterstützung des Militärgeschichtlichen Forschungsamtes in Freiburg (Dr. Umbreit) und des Bayerischen Kriegsarchivs (Archivdirektor Dr. Heyl) konnte die Kriegsstammrolle der 11. Kompanie des III. Bataillons des 12. Landwehr-Infanterie-Regiments aufgefunden werden, der Andreas Rill angehörte. Der Weg des Briefschreibers ließ sich ziemlich genau Tag für Tag verfolgen und mit den Angaben einer Regimentsgeschichte von Oberst Siegmund Schleicher (1924) vergleichen. Demnach befand sich Rill während des ganzen Krieges im Oberelsaß, im Raum Schlettstadt und Colmar. Am 14. August 1914 traf das dritte Bataillon, von Neuburg an der Donau kommend, dort ein. Es folgten häufige Quartier- und Stellungwechsel, so daß sich die Unterkünfte nicht für die einzelnen Tage genau feststellen lassen. Die Begegnung mit dem »prophetischen Franzosen« hat vermutlich zwischen dem 14. und dem 18. August 1914 stattgefunden. Diese Zeitspanne ergab sich aus den Daten des Transportes der 11. Kompanie ins Elsaß (14. 8.) und einer Bemerkung von A. Rill in seinem ersten Brief vom 24. August 1914: »... ich will Euch von dem Komplizen schreiben, den ich im letzten Brief erwähnt habe.« Dieser Brief ist verlorengegangen. Wenn man annimmt, daß Rill jede Woche an seine Familie schrieb, muß das Verhör an den angegebenen Tagen erfolgt sein. Für die Nachforschungen nach der Identität des Visionärs war es erforderlich, alle Möglichkeiten auszuschöpfen, den Ort des Treffens zu bestimmen. Widersprüchliche Informationen aus der Familie standen sich gegenüber: Nach der von Pater F. Renner von Dr. Arnold übernommenen Version soll ein französischer Zivilist in einem Garten festgenommen und in ein Quartier gebracht worden sein, das der Briefschreiber mit einem Leutnant, dem Unteroffizier G... und vier anderen Soldaten teilte. Siegmund Rill hingegen, der älteste der überlebenden Söhne, verlegte das Treffen in ein Kloster bei Colmar, wo sein Vater mit anderen eine Nacht einquartiert gewesen sei. Mit einem alten Mann habe man sich dort abends unterhalten. Nach den Unterlagen des Kriegsarchivs waren Teile der 11. Kompanie am 29. August in einem Kapuzinerkloster in Sigolsheim (10 km von Colmar entfernt) untergebracht. (Es handelt sich um die 1888 gegründete Zweigniederlassung der Rheinisch-Westfälischen Kapuziner-Provinz im sog. Oberhof des ehemaligen Klosters Ebersheim. Sei etwa 1950 sind dort Franziskanerinnen.) Die Begegnung mit dem Visionär muß aber vor dem 24. 8. stattgefunden haben. Es ist möglich, vielleicht sogar wahrscheinlich, daß Teile der 11. Kompanie schon früher dort vorübergehend einquartiert waren: Nach einer Mitteilung von Pater Bernard Thorr vom Couvent des Capucins in Straßburg (Mutterhaus der elsässischen Kapuziner) »steht es fest, daß das Kloster die erste deutsche Einquartierung Mitte August 1914 hatte auf ein bis zwei Tage. Am Abend des 20. August kamen schon französische Chasseurs nach Sigolsheim.« (Brief an den Autor vom 14. 3. 1978.) Aus den Dokumenten des Kriegsarchivs ist weiter zu entnehmen, daß das III. Bataillon 1917–1918 gelegentlich das Reservequartier des Regiments in Türckheim am Eingang des Münstertals, circa 8 km von Sigolsheim entfernt, bezog. So könnte die Angabe von Siegmund Rill, sein Vater habe vom Ruhequartier seiner Einheit im Winter 1917/18 aus einen Fußmarsch von zwei Stunden unternommen, um den Visionär in dem Kloster noch einmal zu besuchen, den Tatsachen entsprechen. Das Kapuzinerkloster liegt in der Tat zwei Stunden Fußmarsch von Türckheim entfernt.

Von dem Provinzialat der Kapuziner in Koblenz erhielt ich eine Ablichtung der Liste der Insassen der verschiedenen Kapuzinerklöster vom 6. November 1917. Für Sigolsheim ist an letzter Stelle ein »Fr. Laic. Tert. (Frater Laicus Tertiarius)« angegeben. Damit wird ein im Kloster lebender Gast bezeichnet, der bei den Benediktinern »Oblat« genannt wird. Wenn die Version des Siegmund Rill richtig ist, könnte es sich hier um den Visionär gehandelt haben, der kurz darauf gestorben wäre. Das III. Bataillon, dem in der 11. Kompanie Andreas Rill angehörte, lag vom 12. Januar 1918 an für einige Zeit in Ruhe in Türckheim. Zu dieser Zeit könnte der Fußmarsch des Andreas Rill zum Kloster Sigolsheim stattgefunden haben, in dem er angeblich erfuhr, daß der Visionär inzwischen gestorben war.

Aus den Unterlagen des Kriegsarchivs in München gehen Einzelheiten über den Unteroffizier G... hervor, dem der Visionär, erregt über seine spöttischen Bemerkungen, gesagt haben soll: »Sie kommen aus diesem Krieg nicht mehr heim. Sie werden auch nicht begraben werden wie andere Leute ... Ihr Fleisch werden die Raben zerhacken.« Unteroffizier G... kam von einer Patrouille am 23. September 1914 auf dem Roßberg nicht zurück und wurde als vermißt gemeldet. Seine Überreste wurden erst am 15. Februar 1915 aufgefunden und identifiziert. Sie wurden am Grab Nr. 8, Côte St-Marie beigesetzt. Im privaten Kriegstagebuch von Oberst Schleicher (Autor der Monographie über das 12. Landwehr-Regiment), das sich im Kriegsarchiv befindet, ist ein Hinweis auf Unteroffizier G... und die Patrouille am 23. September: »Der Führer der 11. Kompanie sieht schon wieder Gespenster.« Diese Bemerkung könnte sich auf die makabre Prophezeiung des Visionärs beziehen, die – wie Andreas Rill zu Hause berichtete – immer wieder in der Kompanie besprochen worden sei.

In weiteren Recherchen versuchte ich nun, die Namen der Offiziere der 11. Kompanie zur Zeit der Begegnung mit dem Visionär und später zur Zeit der Patrouille zu ermitteln, in der Hoffnung, über die Nachkommen aus eventuell vorhandenen Familienpapieren Hinweise auf die Begegnung mit dem »prophetischen Franzosen« oder dessen »Verhör« zu erhalten.

5. Nachforschungen nach den Führern der 11. Kompanie

Laut Kriegstagebuch der 11. Kompanie müßte der Leutnant, der nach der von Dr. Arnold von P. Renner übernommenen Version das »Verhör« des französischen Zivilisten durchgeführt hat, Leutnant Adolf Leeb gewesen sein. Dieser Offizier ist der Bruder des Generalfeldmarschalls Leeb, über den Dr. Meyer, Militärgeschichtliches Institut in Freiburg, eine Biographie veröffentlicht hat. Von Dr. Meyer konnte ich Einzelheiten über die Familie erfahren und ermitteln, daß die Tochter dieses Adolf Leeb hochbetagt in München lebt. Diese Tochter hatte nie etwas von ihrem Vater von Prophezeiungen erfahren. Nachforschungen, die sie und andere Familienmitglieder in alten Papieren anstellten, blieben ohne Hinweise. Archivdirektor Dr. Heyl bemerkte zu diesen vergeblichen Bemühungen, es sei äußerst unwahrscheinlich, daß es sich bei dem sogenannten »Verhör« des »prophetischen Franzosen« tatsächlich um ein solches gehandelt habe. Vielmehr dürfte es ein informatives Gespräch in einem Quartier gewesen sein. Es habe sicherlich auch kein unmittelbarer Anlaß bestanden, Zivilisten »gefangen zu nehmen«. In der allgemeinen Kriegsanfangsbegeisterung sei es auch nicht unbedingt wahrscheinlich gewesen, daß eine solche finstere Prophezeiung sofort nach Hause kolportiert oder auch nur ernstgenommen wurde. Andreas Rill sei wohl als eine Ausnahme anzusehen. Wenn Adolf Leeb ein genauso verschlossener Mann war wie sein Bruder, der Generalfeldmarschall, habe er wohl kaum in den ersten Kriegstagen etwas derartiges seiner Familie zu Protokoll gegeben.

Zur Zeit der Patrouille im September 1914, deren Opfer der Unteroffizier G... wurde, war Kompanieführer Oberleutnant H. Schneider; die Patrouille wurde durch den damaligen Vizefeldwebel Braun, ab November 1914 Leutnant, geführt. Die Familien dieser aus München stammenden Offiziere wurden über das Stadtarchiv München ermittelt, in dem sich die alte Einwohnerkartei des Polizeipräsidiums befindet. Auch hier waren Nachforschungen nach Dokumenten im Nachlaß über den »prophetischen Franzosen« ergebnislos.

6. Nachforschungen nach der Colmarer Freimaurerloge

Die befragten Nachkommen des Briefschreibers Andreas Rill gaben – wie schon erwähnt – übereinstimmend an, daß der unbekannte Franzose Freimaurern angehört habe, aber aus der Loge ausgetreten sei. Andreas Rill junior kann sich erinnern, daß »der Franzose« nach den Berichten seines Vaters die Soldaten aufgefordert habe, doch einmal nach dem Hausschild seiner Loge zu schauen, wenn sie durch Colmar zögen.

Es handelte sich offenbar um die Loge »Zur Treue« in Colmar. Ich konnte ermitteln, daß Listen der ehemaligen Mitglieder der Loge »Zur Treue« in Colmar 1888–1913 vollständig im Freimaurer-Museum in Bayreuth vorhanden sind. Dem Meister der Forschungsloge Quatuor Coronati in Bayreuth, L.-P. Freiherr von Pölnitz, verdanke ich Ablichtungen der Mitglieder-Verzeichnisse, aus denen ich die Namen der 1911–1913/14 ausgetretenen Mitglieder entnehmen konnte. Die Möglichkeit zur Identifizierung des »prophetischen Franzosen« ergab sich aus der Überlegung, daß in den Sterbelisten von Sigolsheim 1917/18 der Name eines der ausgetretenen Logenmitglieder erscheinen müßte, falls der »Frater Laicus Tertiarius« im Kapuzinerkloster Sigolsheim der Visionär war und dort gestorben ist.

Die Nachforschung wurde mit freundlicher Unterstützung des Bürgermeisters von Sigolsheim, B. Dietrich, und des Directeur des Services d'Archives du Haut-Rhin, Christian Wilsdorf, Colmar, durchgeführt. Sie führte leider zu keinem Ergebnis. Es fanden sich in den Sterbelisten von Sigolsheim 1916–1918 keine Namen, die für die Identifizierung des »prophetischen Franzosen« in Betracht gekommen wären. Dies gilt auch für den Fall, daß er einer geheimen Loge angehört hätte. Die in den Sterbelisten Verzeichneten waren bekannte Sigolsheimer Einwohner. Es ist möglich, daß der »Frater Laicus Tertiarius«, der in der Liste der Insassen des Sigolsheimer Kapuzinerklosters vom 6. November 1917 aufgeführt ist, kurz vor seinem Tode in seinen vermutlich elsässischen Heimatort zurückgekehrt ist. Es sei daran erinnert, daß diese Recherchen von der Richtigkeit der Zeugenaussage Siegmund Rills, des ältesten überlebenden Sohnes des Briefschreibers, abhängen. Weitere Nachforschungen werden von dem Archivar der elsässisch-lothringischen Kapuziner-Provinz, P. Linck, unternommen.

III. Interpretation der Feldpostbriefe

Das Ergebnis aus den umfangreichen Ermittlungen läßt kaum einen Zweifel zu, daß die Feldpostbriefe am 24. und 30. oder 31. August 1914 geschrieben worden sind. Von den Versionen über die Umstände der Begegnung mit dem »prophetischen Franzosen« scheint die wahrscheinlichere zu sein, daß es sich um einen Laien handelte, der als Gast in einem Kloster lebte. Viele Indizien weisen darauf hin, daß das damalige Kapuzinerkloster in Sigolsheim Ort des Gesprächs war, in dem sich in einer Liste vom November 1917 ein »Frater Laicus Tertiarius« befand.

Wie schon erwähnt, scheint der erste Brief wiederzugeben, was Andreas Rill aus frischem Gedächtnis zu berichten wußte, während der zweite die Reflexion über das Erlebte erkennen läßt und Angaben des ersten erweitert, wobei zugleich der endzeitliche Aspekt stärker betont ist und weitere Einzelheiten über ein »drittes Weltgeschehen« mitgeteilt werden. Die Briefe sind keine vollständige Darstellung der Prophezeiungen des Unbekannten. Der Briefschreiber hat zusätzliche mündliche Angaben in der Familie gemacht.

Bei der brieflichen Mitteilung über ein angebliches »drittes Weltgeschehen« scheint A. Rill hauptsächlich die Angaben des »prophetischen Franzosen« wiedergegeben zu haben, die sich auf seine bayerische Heimat beziehen.

Ich stelle im folgenden die Aussagen zusammen, die eine erstaunliche Übereinstimmung mit den historischen Fakten haben. Als Hinweise auf die Briefstellen führe ich die entsprechenden Seiten- und Zeilenzahlen in diesem Buch an.

Der historische Zeitraum, der anscheinend von den Prophezeiungen erfaßt wird, sei kurz durch die bekannten Daten gekennzeichnet: Dauer des Ersten Weltkrieges vom 1. August 1914 bis zum Waffenstillstand am 11. 11. 1918; Revolution und Ausrufung der Republik am 9. 11. 1918; Inflation bis zur Einführung der Rentenmark im Oktober 1923; wechselnde Schicksale der Weimarer Republik: die ursprünglichen Revolutionäre behielten die Macht nicht. Im Januar 1933 Machtergreifung durch die Nationalsozialisten; Parole: »ein Volk, ein Reich, ein Führer«; 1938 Besetzung der Tschechoslowakei; 1939 Überfall auf Polen. Mai 1940 Überrumpelung Norwegens und Hollands, Juni 1941 Angriff auf Rußland. Im Juli 1943 Landung der Alliierten in Sizilien, Mai 1945 Selbstmord Hitlers und Kapitulation Deutschlands, Besetzung durch amerikanische, englische, französische und sowjetische Truppen, Verlust großer Gebietsteile, Spaltung in zwei deutsche Staaten, rascher Aufstieg der Bundesrepublik unter Kanzler Adenauer. Vermischt mit unzutreffenden, widersprüchlichen und nicht zu deutenden Aussagen, sind die Grundlinien des historischen Geschehens in der Prophezeiung erkennbar:

»Der Krieg ... ist für Deutschland verloren und geht ins fünfte Jahr, dann kommt Revolution, aber sie kommt nicht recht zum Ausbruch; der eine geht und der andere kommt; und reich wird man; alles wird Millionär, und so viel Geld gibts, daß mans beim Fenster rauswirft und klaubts niemand mehr auf.« (65/18) »Vor« den »fünfziger Jahren« »... kommt ein Mann aus der niederen Stufe, und der macht alles gleich in Deutschland, und die Leute haben nichts Rechtes zu reden ... um diese Zeit verliert das Recht sein Recht, und es gibt viel Maulhelden und Betrüger ... Jeden Tag gibts neue Gesetze, und viele werden dadurch manches erleben oder gar sterben. Die Zeit beginnt zirka 32 (1932; P. F. R.) und dauert neun Jahre, alles geht auf eines Mannes Diktat ... dann kommt die Zeit 38; werden überfallen und zum Krieg gearbeitet. Der Krieg dauert nicht ganz drei Jahre und endet schlecht für diesen Mann und seinen Anhang. Das Volk steht auf mit den Soldaten. Denn es kommt die ganze Lumperei auf ... die Wut unter den Leuten sei entsetzlich, denn da kommen Sachen auf, unmenschlich. Die Leute werden sehr arm ... und sind froh, wenn sie sich noch in Sandsäcke kleiden können.« (65/5 v. u.)

»Steht an der Jahreszahl vier und fünf, dann wird Deutschland ... zusammengedrückt und das zweite Weltgeschehen ist zu Ende.« (68/16) »Der Mann und das Zeichen verschwinden« (68/27) »und das Volk steht da und wird noch vollständig ausgeraubt und vernichtet bis ins Unendliche ... Aber die Feinde stehen auch nicht gut miteinander« (68/18). »Die Besatzungen lösen sich voneinander und ziehen ab mit der Beute des Geraubten, was ihnen auch sehr viel Unheil bringt« (69/1). »... ein neuer

Mann tritt zutage, der das neue Deutschland leitet und aufrichtet. Wer das fleissigste Volk besitzt, erhält die Weltherrschaft. England wird dann der ärmste Staat in Europa, denn Deutschland ist das fleissigste Volk der Welt« (66/23). Über das zukünftige Schicksal Italiens findet sich im ersten Brief die Bemerkung: »Auch von Italien sagt er, daß es gegen uns geht und in einem Jahr den Krieg erklärt und beim 2. Krieg mit uns geht. Italien wird furchtbar zugerichtet und viele deutsche Soldaten finden dort ihr Grab« (68/8 v. u.).

Diese aus beiden Briefen kompilierten zutreffenden Zukunftsaussagen mit bemerkenswert richtigen Jahresangaben sind durchsetzt mit Unzutreffendem und Widersprüchlichem. So ist es widersprüchlich, daß der 1938 angezettelte Krieg »nicht ganz drei Jahre« dauern soll (66/8), während als Kriegsende eine Jahreszahl prophezeit wird, die eine »vier« und »fünf« enthält (68/16). Dies könnte auf das tatsächliche Kriegsende 1945 hinweisen, aber auch auf 1954, was aber durch die weiteren unzutreffenden Zeitangaben (1947, 1948 und 49; 69/18) auszuschließen ist. Unrichtig ist die Voraussage eines Volksaufstandes mit den Soldaten (66/10), ebenso die mit dem bevorstehenden Kriegsende gekoppelte Prophezeiung eines Anschlusses der Schweiz an Deutschland (66/21). Unklar bleibt, was im Zusammenhang mit dem Diktat eines Mannes »neun Jahre« dauern soll (66/6).

Im ersten Brief verwechselt Andreas Rill offenbar Aussagen, die der »prophetische Franzose« zum zweiten und zu einem dritten Weltgeschehen gemacht hat. Widersprüchlich ist, daß der Wiederaufbau 1943 (66/4 v. u.) beginnen soll, während als Kriegsende 1945 angegeben wird und anschließend Deutschland durch die Besatzungstruppen ausgeraubt werden soll. Friedensschluß im Beisein des Papstes im zerstörten Köln« (66/7 v. u.) bezieht sich offenbar auf die verschwommene Vision eines dritten Weltgeschehens.

Die Geschichten des Propheten in bezug auf ein drittes Weltgeschehen sind endzeitlich eingestellt. In diesen Zusammenhang gehört die dunkle Aussage über die Geburt des Antichrist nach dem ersten Weltkrieg, über sein Auftreten in den fünfziger Jahren »... an dem Tage, wo Markustag auf Ostern fällt«

(65/7 v. u.). Ostern fiel 1943 auf den 25. April – Markustag –, was in den vergangenen tausend Jahren neunmal der Fall war und erst 1998 wieder eintreten wird. Als Strafe Gottes für ein immer tieferes Absinken der Moral, für eine fortschreitende Verdrängung des »guten Menschen« soll das Unheil des dritten Weltgeschehens 1946 bis 1948 hereinbrechen (68/6 v. u.; 69/2–6). Rußland überfällt den Süden Deutschlands, aber kurze Zeit, »in der es furchtbar zugehen soll« (69/3; 7–26). Angespielt wird auf ein riesiges Menschensterben, dessen Zentrum in Süddeutschland liegt. Aber auch der norddeutsche Raum ist betroffen, wie es vor allem aus Bemerkungen des Briefschreibers hervorgeht, die im Familienkreis gefallen sein sollen. »Nachdem es ausgestorben ist in den Ländern« (69/6 v. u.), hält die Kirche den Siegestriumph. »In Rußland werden alle Machthaber vernichtet, die Leichen bleiben liegen, Hunger und Vernichtung ist in diesem Lande zur Strafe für ihre Verbrechen« (69/3 v. u.). Mysteriös bleibt, was der Prophet – wie Andreas Rill erzählte – besonders betont habe: »... dunkle Männer, die dieses Unheil bringen sollen und in der ganzen Welt verteilt sind, an der Zahl 7« (68/10). Den in diesem Zusammenhang erwähnten »Stuhl 12« (68/11), der die Völker zur Rückkehr mahnt, deutet Pater Renner als eine Anspielung auf die Bemühungen des Papstes Pius XII., der in der Kriegszeit und in den Jahren danach immer wieder zur Rückkehr zu Gott und zum Frieden gemahnt habe.

Die Symbolik der »dunklen Männer« und die endzeitlichen Akzente in den beiden Briefen stützen die Behauptungen über die angebliche frühere Zugehörigkeit des Propheten zu den Freimaurern und seine Zuflucht in einem Kloster, dessen Atmosphäre chiliastische Spekulationen begünstigt haben kann. Auf Einzelheiten zu Voraussagen über ein drittes Weltgeschehen gehe ich an dieser Stelle nicht ein. In einem folgenden Beitrag werde ich versuchen, die Prophezeiungen des unbekannten Franzosen in Beziehung zu einigen anderen zu bringen. Veröffentlichungen über Kriegsprophezeiungen häufen sich: A. Schönhammer, »Psi und der dritte Weltkrieg« (^{2}1979), dem u. a. vorausgingen: P. N. Backmund, »Hellseher schauen in die Zukunft« (^{2}1972) und W. J. Bekh, »Bayerische Hellseher« (1976). Diese Sammlungen enthalten alle schon die »Feldpostbriefe«. Die Möglichkeit bevorstehender neuer Kriegsereignisse wird angesichts der wachsenden Zuspitzung der politischen Situation mehr und mehr diskutiert. General Sir John Hackett machte sich zum Sprecher der Ängste mit einer futurologischen militärischen Spekulation »Der dritte Weltkrieg« (1979), nachdem der belgische frühere Nato-General R. Close mit seinem Buch »L'Europe sans Défense?« (1976) das Schreckbild einer russischen Invasion entworfen hatte, die – in 48 Stunden am Rhein – das politische Gesicht der Welt blitzartig verändern würde.

Als Bilanz der Untersuchung der Feldpostbriefe kann man sagen, daß an ihrer Authentizität kaum ein Zweifel möglich ist und man sich mit der unbegreiflichen Tatsache konfrontiert sieht, daß 1914 die Grundlinien des politischen Geschehens bis nach 1945 mit zum Teil richtigen Datenangaben vorausgesagt wurden. Daraus darf aber nicht geschlossen werden, daß die Prophezeiungen über ein drittes Weltgeschehen – eine Endzeitkatastrophe – eine hohe Wahrscheinlichkeit der Erfüllung habe. Nicht genug kann betont werden, daß kein Sensitiver zu unterscheiden vermag, ob seine Eindrücke sich auf Faktisches beziehen oder auf Irreales, sei es auf reine Phantasie des Unbewußten oder eine Erfassung von Potentiellem, von Möglichem, von etwas, das »in der Luft liegt«, aber sich nicht notwendig zu realisieren braucht.

Literatur

P. N. Backmund, Hellseher schauen in die Zukunft. (Verlag Morsak) Grafenau 1972

W. J. Bekh, Bayerische Hellseher. (Verlag W. Ludwig) Pfaffenhofen 1976

H. Bender, »Der Krieg im Spiegel okkulter Erlebnisse«. In: H. Bender, Verborgene Wirklichkeit. (Walter) Olten und Freiburg i. Br. 1975, S. 53–63

R. Close, L'Europe sans Défense? 48 heures qui pourraient changer la face du monde. (Ed. Arts et Voyages) Bruxelles 1976

Sir J. Hackett, Der dritte Weltkrieg. Hauptschauplatz Deutschland. (C. Bertelsmann) München 1979

G. Meyer (Hrsg.), Generalfeldmarschall Wilhelm Ritter von Leeb. Tagebuch, Aufzeichnungen und Lagebeurteilungen aus zwei Weltkriegen. Stuttgart 1976

P. F. Renner, »Der prophetische Franzose«. In: Missionsblätter Münsterschwarzbach, 48, Heft 7/8, S. 114–117, und Heft 9/10, S. 152–155 ders., »Der prophetische Franzose« (Teil I/II). In: Neue Wissenschaft, 5, S. 365–371, und 6, S. 19–24

S. Schleicher, Das Königlich Bayerische Landwehr-Infanterie-Regiment Nr. 12, Nach den amtl. Kriegstagebüchern bearbeitet. (Bayerisches Kriegsarchiv) München 1924

A. Schönhammer: PSI und der dritte Weltkrieg. (Rohm Verlag) Bietigheim 1978

W. H. C. Tenhaeff, Der Blick in die Zukunft. Präkognition. (De voorschouw. Oorlogsvoorspellingen.) Deutsch v. Heinz P. Kövari. (Universitas) Berlin 1976

Teil II: »Drittes Weltgeschehen und Endzeit«

Ein Überblick über die ständig anwachsende Literatur über Prophezeiungen, die neuerdings meist auf den »Dritten Weltkrieg« bezogen ist[1], läßt erkennen, daß die Zukunftsaussagen der »Feldpostbriefe« sich von allen anderen abheben. Bei allen Irrtümern weisen sie eine Reihe exakter Zeitbestimmungen auf, die man sonst nirgends findet. Arthur Hübscher resümiert in seiner kritischen – in bezug auf die Möglichkeit der Präkognition skeptischen – Monographie »Die große Weissagung« (1952) das Zeitproblem mit den Worten: »Nach Jahrhunderten der enttäuschten Naherwartung, sind die Propheten unserer Zeiten vorsichtiger geworden, sie weichen der genauen Zeitangabe aus ... Als man den Mühlhiasl fragt, wann seine Voraussagen eintreffen sollen, weist er auf einen Knaben hin: ›Der wird's nicht erleben, seine Kindeskinder auch nicht, aber deren Kindeskinder werden es erleben‹«[2]. In den Feldpostbriefen findet sich eine ähnliche Formel in bezug auf das »dritte Weltgeschehen«: 70/6–8 »Ich glaub' bis dahin leb' ich nicht mehr«, und dann mündlich in der Familie: »Ich erlebe es nimmer, aber ihr Buben denkt noch an mich.« Andererseits gibt es aber präzise Angaben: 65/18–19 »Der Krieg – sagt er – ist für Deutschland verloren und geht ins fünfte Jahr«; 66/2–1 v. u. »Auch von Italien, sagt er, daß es gegen uns geht und in einem Jahr den Krieg erklärt«; 66/5–6 »Die Zeit beginnt zirka 32 (1932) ... alles geht auf eines Mannes Diktat« (weiter unzutreffend: »... und dauert 9 Jahre«); 66/7–8 »– dann kommt die Zeit 38; werden überfallen und zum Kriege gearbeitet« (dann unzutreffend: »Der Krieg dauert nicht ganz drei Jahre«). Dazu im Widerspruch: 68/16–18 »Steht an der Jahreszahl 4 und 5, dann wird Deutschland von allen Seiten zusammengedrückt, und das zweite Weltgeschehen ist zu Ende.«

Eingebettet in diese zeitlich gezielten Voraussagen für die kommenden Dezennien war die von Rill mündlich berichtete makabre Prophetie über das Schicksal des Unteroffiziers G. (»... Sie kommen aus diesem Krieg nicht mehr heim. Sie werden auch nicht begraben werden wie andere Leute« etc., S. 64/6ff.) Die Landwehrmänner waren besonders beeindruckt, als in der Tat die Leiche des auf einer Patrouille gefallenen Soldaten in dem vorausgesagten Zustand gefunden wurde (Februar 1915). Der »prophetische Franzose« war also offenbar ein Sensitiver – der Kern seiner Aussagen kann ihm nicht als Kolportage prophetischer Klischees angelastet werden. Aber auch solche finden sich in den Feldpostbriefen. Ich werde sie in der folgenden Vergleichsanalyse behandeln.

I. Das »dritte Weltgeschehen«

Im ersten Teil habe ich als Fortsetzung der »Kriegsprophezeiungen« angekündigt, die Aussagen des »prophetischen Franzosen« mit ähnlichen Voraussagen in Beziehung zu bringen. Ich werde mich auf die Angaben über ein »drittes Weltgeschehen« beschränken, die ich im Teil I mit dem ausdrücklichen Vorbehalt wiedergegeben habe, »daß kein Sensitiver zu unterscheiden vermag, ob seine Eindrücke sich auf Faktisches beziehen oder auf Irreales, sei es auf reine Phantasie des Unbewußten oder eine Erfassung von Potentiellem, von Möglichem, von etwas, das in der Luft liegt, aber sich nicht notwendig zu realisieren braucht«. »Ich hebe dies, mich selbst zitierend, noch einmal hervor, da vor allem in Westdeutschland bei der zunehmenden Zukunftsangst wissenschaftliche Untersuchungen über Prophezeiungen in Gefahr sind, von Massenmedien als fatalistische Alarmsignale verbreitet zu werden. Ende Mai 1981 veröffentlichte ein Massenblatt eine Artikelserie »Die schrecklichen Weissagungen für die letzten Jahre unseres Jahrhunderts«, in der behauptet wurde, daß in der Päpste-Weissagung des Malachias und in den Zenturien des Nostradamus das Attentat auf den Papst vorausgesagt worden sei, was den bestürzten Leser auf die Unglücksbotschaften des »Dritten Geheimnisses von Fatima« – der »Marienoffenbarung« von 1917 – bis hin zu den Prognosen der zeitgenössischen amerikanischen Pythia Jeane Dixon vorbereitete[3].

1. Das »dritte Weltgeschehen« in den Feldpostbriefen

In den Passagen der Feldpostbriefe, die sich auf ein angebliches »drittes Weltgeschehen« beziehen, scheint Andreas Rill hauptsächlich die Angaben wiedergegeben zu haben, die seine bayerische Heimat betreffen. Ich wiederhole sie im folgenden und stelle sie zusammen:

Aus dem zweiten Brief (69/22–2 v. u.): »Beim dritten Geschehen soll Rußland in Deutschland einfallen, und zwar im Süden bis Chiemgau, und die Berge sollen da Feuer speien, und der Russe soll alles zurücklassen an Kriegsgerät. Bis zu Donau und Inn wird alles dem Erdboden gleichgemacht und vernichtet. Die Flüsse sind alle so seicht, daß man keine Brücke mehr braucht zum Hinübergehen. Von der Isar an wird den Leuten kein Leid mehr geschehen, und es wird nur Not und Elend hausen. Die schlechten Menschen werden zugrunde gehen, als wie wenns im Winter schneit; und auch die Religion wird ausgeputzt und gereinigt. Aber die Kirche hält den Siegestriumph, sagt er. In Rußland werden alle Machthaber vernichtet. Die Leichen werden dort nicht begraben und bleiben liegen. Hunger und Vernichtung ist in diesem Land zur Strafe für ihre Verbrechen.«

Im ersten Brief heißt es (66/27–31): »Am Schluß kommt noch Rußland und fällt über Deutschland her, wird aber zurückgeschlagen, weil die Natur eingreift, und da wird in Süddeutschland ein Platz sein, wo das Ereignis sein sollte, wo die Leute von der ganzen Welt hinreisen, zu schauen.«

Weiter heißt es über die bajuwarische Perspektive hinausgehend (66/32–35): »Dann sagt er, daß der regierende Papst dabei sein wird beim Friedensschluß, muß aber zuvor in Italien fliehen, da er als Verräter hingestellt wird, und er kommt nach Köln, wo er nur einen Trümmerhaufen findet, alles kaputt.« Hier sind, wie zu zeigen sein wird, Motive der »Großen Weissagung« aufgenommen, wie sie Hübscher durch die Jahrhunderte hindurch verfolgt hat. Ebenso die Ankündigung, daß dem »dritten Weltgeschehen« eine »Teufelszeit« vorausgehen wird, in der der gute Mensch fast nicht mehr bestehen kann. »Dann erheben sich die Leute selbst gegeneinander, denn der Haß und Neid wachsen wie Gras« (68/4–1 v. u.). Das »dritte Weltgeschehen«, das mit einer

Naturkatastrophe verbunden ist (»Die Natur greift ein«), erscheint dann als ein Strafgericht, aus dem schließlich die Religion triumphierend hervorgeht: »... Rußland überfällt den Süden Deutschlands, aber kurze Zeit, und den verfluchten Menschen wird gezeigt werden, daß ein Gott besteht, der diesem Geschehen ein Ende macht. Um diese Zeit soll es furchtbar zugehen.« (69/4–7)

»Die schlechten Menschen werden zugrunde gehen ... Aber die Kirche hält den Siegestriumph ... die Menschen werden sein wie die Lämmer und zufrieden wie noch nie.« (69/30–33 und 70/4–6)

Der aus dem Ersten Weltkrieg heimgekehrte Briefschreiber hat im Familienkreise immer wieder über die Prophezeiungen gesprochen. Die Söhne erinnern sich: »Der Krieg komme noch in diesem Jahrhundert im Zusammenhang mit der gelben Gefahr« (Andreas, geb. 1909). »Auch nach Norddeutschland kommen die Russen« (Siegmund, geb. 1906). Die Tochter Kathi erinnert sich an folgende Aussage: »Der Krieg sei ganz kurz, und die Russen gehen genauso unter wie die Nazis.«

2. Die Feldpostbriefe im Kontext der Weissagung: Alois Irlmaier

Von einer wachsenden Zahl von Autoren werden Parallelen zu den Aussagen des bekannten Brunnenbauers von Freilassing, Alois Irlmaier (1894–1959), hervorgehoben. Weiter figuriert unter den »bayerischen Hellsehern«[4], die wie Andreas Rill auf ihr Heimatland fixiert sind, besonders der Waldprophet Mathias Lang, dessen mündlich tradierte Prophetien unter den Namen »Mühlhiasl von Apoig« und »Stromberger« (wahrscheinlich ein und dieselbe Person) umlaufen. Sie sollen zwischen 1790 und 1825 entstanden sein.

Die Prophezeiungen von Alois Irlmaier wurden erstmals von seinem persönlichen Betreuer, Dr. C. Adlmaier, Druckereibesitzer und Journalist in Traunstein, 1950 publiziert, also drei Jahre vor der Erstveröffentlichung der Feldpostbriefe. Bei einer vergleichenden Analyse kann man davon ausgehen, daß Irlmaiers Aussagen zumindest nicht von deren publiziertem Text abhängig sein können, obwohl natürlich nicht auszuschließen ist, daß Irlmaier schon vor 1953 durch mündliche Weitergabe von dem »prophetischen Franzosen« erfuhr. Kronzeuge Adlmaier kann nicht befragt werden, er starb bald nach der Veröffentlichung der 3. Auflage seiner Broschüre »Blick in die Zukunft«. Eine Zusammenstellung von 34 Punkten aus den Voraussagen Irlmaiers findet sich in dem 1952 erschienenen Buch von A. Hübscher: »Die Große Weissagung«.

Irlmaier sagt eine Invasion von Osten voraus, die unter dem Stichwort »die drei Stoßkeile« oder »die drei Heeressäulen« in viele Weissagungskompilationen über den Dritten Weltkrieg eingegangen ist[5]. Adlmaier faßt die vor 1950 gemachten Aussagen zusammen:

»Anfangen tut der vom Sonnenaufgang. Er kommt schnell daher. Die Bauern sitzen beim Kartenspielen im Wirtshaus, da schauen die fremden Soldaten bei den Fenstern und Türen herein. Ganz schwarz kommt eine Heersäule herein von Osten, es geht aber alles sehr schnell. Einen Dreier seh ich, weiß aber nicht, sinds drei Tag oder drei Wochen. Von der goldenen Stadt geht es aus. Der erste Wurm geht vom blauen Wasser nordwestlich bis an die Schweizer Grenz. Bis Regensburg steht keine Brücke mehr über die Donau, südlich vom blauen Wasser kommen sie nicht. Der zweite Stoß kommt über Sachsen westwärts gegen das Ruhrgebiet zu, genau wie der dritte Heereswurm, der von Nordosten westwärts geht über Berlin ... Und dann regnet es einen gelben Sand in einer Linie. Die goldene Stadt wird vernichtet, da fangt es an. Wie ein gelber Strich geht es hinauf bis zu der Stadt in der Bucht. Eine klare Nacht wird es sein, wenn sie zu werfen anfangen. Die Panzer fahren noch, aber die darin sitzen, sind schon tot. Dort, wo es hinfällt, lebt nichts mehr, kein Baum, kein Strauch, kein Vieh, kein Gras, das wird welk und schwarz. Die Häuser stehen noch. Was das ist, weiß ich nicht und kann es nicht sagen. Es ist ein langer Strich. Wer darüber geht, stirbt. Die herüber sind, können nicht hinüber und die drenteren können nicht herüber, dann bricht bei den Heeressäulen herüber alles zusammen. Sie müssen alle nach Norden. Was sie bei sich haben, schmeißen sie alles weg. Zurück kommt keiner mehr.«[6]

Dazu einige Punkte der Zusammenstellung von Hübscher: »(23) Den Münchnern wird nicht viel geschehen, nur ein wenig unruhig wird's sein ... (13) Am Rhein wird der Angriff endgültig abgeschlagen ... (18) Auch in Italien geht es bös her ... (19) Dem Papst gelingt es, nach Übersee zu fliehen ... (27) Der Papst kehrt zurück und wird das erste große Tedeum im Dom zu Köln feiern ... (29) Im Osten geht es wild her, aber das Kreuz wird siegen ...

(34) Eine lange, glückliche Zeit wird kommen, wer's erlebt, wird sich glücklich preisen.«[7]

»Aus der Fülle der mitgeteilten Gesichte« berichtet Adlmaier noch über einige Einzelheiten: »Durch eine Naturkatastrophe oder so etwas ähnliches ziehen die Russen plötzlich nach Norden. Um Köln entbrennt die letzte Schlacht. Nach dem Sieg wird ein Kaiser vom fliehenden Papst gekrönt, und dann kommt der Friede.«[8]

Der »gelbe Sand« der ursprünglichen Fassung wird in anderen Versionen zu einem »gelben oder grünen Rauch oder Staub« (vielleicht radioaktive Kampfstoffe; »Flieger werfen kleine schwarze Kästchen ab«). In späteren Visionen wird ein »Staubregen« zur Begleiterscheinung einer kosmischen Katastrophe, einer »großen Finsternis«, über die Irlmaier in einer letzten Unterredung im Frühjahr 1959 mit seinem Chronisten sprach:

»Finster wird es werden an einem Tag unterm Krieg. Dann bricht ein Hagelschlag aus mit Blitz und Donner und ein Erdbeben schüttelt die Erde ... Dann geh nicht hinaus aus dem Haus ... Wer den Staub einatmet, kriegt einen Krampf und stirbt. Mach die Fenster nicht auf, häng sie mit schwarzem Papier zu. Alle offenen Wasser werden giftig und alle offenen Speisen ... Draußen geht der Staubtod um. Nach 72 Stunden ist alles wieder vorbei. Über Nacht sterben mehr Menschen als in den zwei Weltkriegen.«[9]

In diesem Zusammenhang sagt Irlmaier: »Die Flüsse werden so wenig Wasser haben, daß man leicht durchgehen kann.« Weiter werden Überschwemmungen und Erdbeben geschildert, große Städte sollen untergehen: London und Marseille im Wasser, eine dritte »fällt zusammen«. Revolution und Chaos sollen herrschen. Paris, zum Beispiel, wird von den eigenen Bewohnern angezündet. Bürgerkrieg auch in Rußland. »Die Leichen sind so viel, daß man sie nicht mehr wegbringen kann, von den Straßen.«[10]

Die Parallelen zu den Feldpostbriefen sind deutlich: Invasion vom Osten – Bayerischer Wald – den Münchnern wird nicht viel geschehen – Vorstoß bis zum Rhein – kurze Dauer des Krieges – Niederlage der Invasionsarmee – die Russen lassen ihr Kriegsgerät zurück – der aus Italien geflohene Papst kommt nach Köln – Chaos im Osten – die Religion wird siegen. Die Aussagen über die seicht gewordenen Flüsse und die Leichen im russischen Chaos entsprechen fast wörtlich dem zweiten Feldpostbrief. Sie sind von Adlmaier nicht datiert; man kann vermuten, daß sie aus einer Zeit stammen, in der Irlmaier von den Feldpostbriefen Kenntnis bekommen hat.

Von den Anhängern Irlmaiers werden seine sensitiven Fähigkeiten durch seine wohl unzweifelhaften Erfolge als Rutengänger belegt, vor allem aber auch durch zahlreiche Berichte über seine Erfolge bei Beratungen schon im Zweiten Weltkrieg und bis zu seinem Tode. Man kann einige »klassische« Fälle bei Adlmaier nachlesen, der ihn 18 Jahre lang beobachtet hat (s. auch bei Backmund). Das dritte Weltgeschehen prophezeite Irlmaier für 1950. Er gab an, daß er aus verschiedenen Vorzeichen die Zahl 1950 selbst errechnet habe, und meinte, durch das Dogma der leiblichen Aufnahme Mariens in den Himmel und durch die Fürbitte der allerseligsten Jungfrau sei das bevorstehende Unheil abgewendet worden[11].

Ich habe einige Angaben über Irlmaier von Informanten, die ihn persönlich kannten. Er wird als einfacher, gutmütiger Bauer mit schlichter Intelligenz geschildert, der es als eine Mission ansah, vor dem kommenden Unheil zu warnen, was schon vor der aktuellen Zuspitzung der Gefährdung Eindruck gemacht zu haben scheint. So schreibt mir Freiherr von P., sein Vater habe, nachdem Irlmaier auf seinem Grundstück eine Quelle entdeckt hat, von seinen prophetischen Äußerungen überzeugt, sich in Berchtesgaden ein Ausweichquartier eingerichtet. Dies bezieht sich auf Punkt 22 in der Zusammenstellung von Hübscher: »Die Bevölkerung zwischen Watzmann und Wendelstein bleibt verschont.« In einem Gespräch berichtet mir Dr. R. H. von teilweise richtigen Angaben Irlmaiers, den er bei der Suche nach einer vermißten Person in Anspruch genommen hatte. Bewandert im Umgang mit anscheinend prophetisch begabten Sensitiven, sieht er die spezifische Art des Hellsehens beim Brunnengräber Irlmaier »an Topos und Erde gebunden«. Aussagen in diesem Bereich scheinen ihm gewichtiger als andere. So beeindruckte ihn eine spontane Äußerung von Irlmaier, an die er sich »fast wörtlich« erinnert: »Kennst die Goldene Stadt?« – Ja, freilich, Prag. – »Siegst as, der kennt's! Und von dort zieht ein breiter Streifen hinauf bis ans Meer, da is alles hin, da kommt keiner rüber und hinüber.« Nach Angerer (1972) soll sich eine mit Prag verbundene Endzeitprophetie in angeblichen Aussagen eines blinden böhmischen Hirten vor Kaiser Karl IV. (1356) finden. Als Literatur wird angegeben: Max Erbstein (1969) »Der blinde Jüngling. Eine böhmische Weissagung aus dem 14. Jahrhundert im Spiegel geschichtlicher Ereignisse«. Dazu auch Max Gunter (1950) »Die Voraussagen des blinden Jünglings«. Ohne Kommentar und Stellungnahme zur Zuverlässigkeit der Quelle gebe ich aus der Darstellung von Angerer die dort numerierten Punkte wieder: »(17.) Ein neuer Krieg wird ausbrechen, dieser wird der kürzeste sein ... (18.) Das Volk in Böhmen wird durch den Krieg vernichtet und alles im Lande wird verschüttet werden ... (21.) Zur Kirschblüte wird Prag vernichtet werden. (22.) Eine Sonne wird stürzen und die Erde beben. (23.) Die Rache kommt übers große Wasser ... (27.) Die Bauern werden hinter dem Pflug mit der Peitsche knallen und sagen: hier hat Prag gestanden. (28.) Über die Welt wird ein neues Zeitalter kommen, das man das goldene nennen wird.«[12]

Ob gefälscht oder nicht – jedenfalls sind solche Endzeitvisionen gedacht worden und damit eine »psychische Realität«. Daß sowohl Irlmaier als auch der »prophetische Franzose« in der Tradition der »Großen Weissagung« stehen, wird an den Beispielen der »großen Finsternis« und der Prophetie um »Köln« gezeigt werden. Es sind lediglich »spotlights«; die vielfältig verwobenen historischen Zusammenhänge hat Hübscher souverän dargestellt. Er unterscheidet den »Schritt in die Jahrtausende«: Prophezeiungen wie die Apokalypse, ›Kaiser der Zukunft‹, Nostradamus, Päpste-Weissagung etc., »die nicht gezwungen sind, sich dem Wechsel der Geschichte anzupassen«, und die Prophezeiungen, die im Zeichen der Naherwartung stehen, sich wechselnden Zeitumständen anpassen müssen und oft von der Geschichte widerlegt werden.

3. Der Seher vom Bayerischen Wald, genannt »Mühlhiasl«

Im Zeichen der »Naherwartung« steht eine neuerdings immer wieder erwähnte, vielfach »ausgewalzte« Prophetie, die angeblich seit mehr als einem Jahrhundert in den Nordgegenden von Niederbayern bis an die böhmische Grenze kolportiert wird. Die Zukunftsverkündigungen, die immer wieder mit Aktuellem angereichert werden, schreibt man einem Hellseher »Mühlhiasl« zu, nach neuen Forschungen eine historische Persönlichkeit: Mathias Lang, der nach den Pfarrbüchern von Hundersdorf in der Apoiger Klostermühle beheimatet war. Seine Geburtszeit müßte um 1750 zu suchen sein, sein nicht beurkundeter Tod gegen 1825. Kompliziert werden die von Hübscher als »Wandersage« charakterisierten Berichte (es gibt zahlreiche handschriftliche Aufzeichnungen seit etwa 1830) dadurch, daß ähnliche Weissagungen unter dem Namen »Stromberger« umlaufen, eines Waldhirten, der 1806 bei Zwiesel gestorben ist. Sie werden nach Backmunds gründlichen Nachforschungen seit etwa 1810 im Bayerischen Wald verbreitet. In der Literatur finden sie sich erstmal 1879, während sich die Spuren des »Mühlhiasl« in der Überlieferung nur bis an das Ende des letzten Jahrhunderts zurückverfolgen lassen. Viele Autoren des umfangreichen volkskundlichen Schrifttums meinten, daß »Mühlhiasl« und »Stromberger« identisch wären, doch ist diese Auffassung nicht unwidersprochen. Hübscher hält den Mühlhiasl noch für einen »Mühlarzt« Matthias Pregl (gestorben 1825), was mittlerweile aber widerlegt sein soll[13].

Gesammelte Aussagen des Mühlhiasl bzw. Aussagen, die als solche gelten, wurden zum erstenmal von J. E. Landstorfer, Pfarrer zu Pinkofen (gest. 1949) im »Straubinger Tagblatt« vom 18. 2. 1923 veröffentlicht. Er hatte unter anderem einen hochbetagten Pfarrer Mühlbauer als Informanten, dessen 96 Jahre alt gewordener Vater ein persönlicher Freund des Mühlhiasl gewesen war. Backmund veröffentlicht den Wortlaut der von Landstorfer gesammelten Aussprüche. Hübscher stellt 74 Punkte der in vielen Varianten bekannten Voraussagen nach den gedruckten Endfassungen von 1930, 1931 und 1950 zusammen, wobei die erst 1950 kolportierten Angaben besonders gekennzeichnet sind.

Bei der Unsicherheit der Datierung der meisten Aussagen verzichte ich auf eine Aufzählung der Merkmale, die eine vorausgesagte Zeit der großen Kriege erkennen lassen soll – nach dem Muster »Wagen werden gemacht, die ohne Roß und ohne Deichsel fahren«. Auffallend für einen möglicherweise genuin prophetischen Gehalt ist ein Komplex von Aussagen, die nach Backmunds Forschungen mit Sicherheit vor 1923 festgestellt wurden und vielleicht auf die spätere Inflation bezogen werden können: (Numerierung von Hübscher) »(16.) S' Geld wird keinen Wert mehr haben. (17.) Um zweihundert Gulden wird man keinen Laib Brot kriegen, s' wird aber keine Hungersnot sein ... (19.) Um ein Goldstück kann man noch einen Bauernhof kaufen. (20.) Geld wird gemacht, so vui, daß man's nimmer kenna kann, wenn's gleich lauter Papierflecken sind, kriegen die Leut' noch nicht genug davon. Auf einmal gibt's keins mehr. (21.) Nach dieser Zeit wird das Geld wieder sehr großen Wert haben, aber es wird den wenigsten etwas nützen, wegen seiner Seltenheit.«

In schriftlichen Fassungen der »Prophezeiung von dem alten Stromberger« aus den Jahren 1830 und 1839 (nach Backmund) finden sich diese Aussagen nicht. Sie können im Volksmund entstanden sein, was nicht heißen muß, daß es sich nur um phantastische Spekulationen handelt.

Der Mühlhiasl-Stromberger-Komplex wird neuerdings auf die Ankündigung einer »Endzeit« bezogen. In der Niederschrift von 1839 heißt es »Es werden auch vorher weiße Straßen, viele Berge und Thäler gemacht, daß man sie auf zwey Stunden sehen kann, und mit großen Pracht und Aufwand bewundern muß. Wer aber diese Zeit erlebt und überlebt, wird wieder Gutes finden, und werden auch wieder froh sein, wenn eines das andere sieht, oder sonst von einem Bekannten etwas hört. Es werden in manchen Ländern die Leuthe so wenig sein, daß man sie leicht zählen kann, und wird man nicht wissen, wie die andern umgekommen sind«.[14]

Beziehungen zu den Feldpostbriefen und zu Irlmaier bestehen vor allem in Andeutungen einer Invasion von Osten, einer Verheerung des Bayernlandes und einem Massensterben. Bei Landstorfer: »Von Straubing auf den Pilmersberg hinauf wird eine Straß baut. Und auf der Straß kommen sie einmal heraus, die Roten, die Rotjankerl, die Rotkapperl. Wenn sie aber einmal kommen, muß man davon laufen« (in anderer Fassung: und sich verstekken). In anderen Gegenden gibt es inhaltlich gleiche regionale Varianten. Dazu Backmund[15]: »Wir versuchten durch Befragung von alten, von Jugend auf mit der Prophezeiung vertrauten Leuten zu erforschen, wie weit die Tradition der einzelnen Aussagen zurückreicht. Daß die ›Roten von Osten kommen‹ ist schon für die neunziger Jahre bezeugt, da sich niemand einen Vers darauf machen konnte. Das scheint also echt zu sein.« »Auf'd Letzt« – heißt es weiter – »kommt der Bänko-ramer (nach Backmund der Bänkeabräumer, eine alles dahinraffende, seuchenartige Krankheit). Wer's überlebt, muß einen eisernen Kopf haben ... Nachher, wenn die Welt abgeräumt ist, kommt eine schöne Zeit ... und die Leute glauben wieder.«

In seiner Autobiographie »Jugend in Altbayern« berichtet Eduard Stemplinger, daß er viele Bruchstücke dieser Mühlhiasl-Prophezeiungen in seiner Kindheit vor mehr als 50 Jahren wiederholt von einem gebürtigen Walder erzählen hörte (München 1932, S. 18)[16].

II. Der prophetische Vorratskorb

1. Die »Große Finsternis« und Naturkatastrophen als Signale der »Endzeit«

Katastrophenankündigungen, wie sie die Feldpostbriefe andeuten (»Die Natur greift ein«) und die beim Waldpropheten unter dem Stichwort des »Bankabräumers« gefaßt und bei Irlmaier detailliert beschrieben sind (die große Finsternis), gehören zum eisernen Bestand der Weissagung, meist im Zusammenhang mit einem zu erwartenden Strafgericht Gottes. Diese Motive kann man bis zur Johannes-Apokalypse zurückverfolgen. Nach dem warnenden Buch des Atomphysikers Bernhard Philberth »Christliche Prophetie und Nuklearenergie« (1967[7]) »gibt die Geheime Offenbarung in konsequenter Nacheinanderfolge die Vorgänge und Folgen einer Nuklearkriegsführung in charakteristischen physikalischen Besonderheiten wieder«[17]. Zur »Großen

Finsternis« (Offenbarung 8/12:) »Der vierte Engel stieß in die Posaune. Da wurde ein Drittel der Sonne, ein Drittel des Mondes und ein Drittel der Sterne geschlagen, daß sie zu einem Drittel finster wurden und der Tag und ebenso die Nacht zu einem Drittel nicht mehr hell war.« Dazu Philberth: »Man kann mit Sicherheit sagen, daß bei Einsatz aller derzeit gelagerten A- und H-Bomben eine sehr viel stärkere Verfinsterung als 30% eintreten würde. Die in großer Höhe ziehenden Staubschwaden lassen speziell (Tyndall-Effekt) eine Art von Verdüsterung und Verfärbung erwarten, wie es heißt: ›Die Sonne wird schwarz wie ein härenes Trauergewand; der ganze Mond rot wie Blut‹ (Offenbarung 6/12«)[18].

Im kirchlich-katholischen Kontext gibt Angerer in einer Sammlung »Der dritte Weltkrieg und was danach kommt« – Beispiele von Visionen über die »Große Finsternis«: So soll in den Akten des Kanonisationsprozesses der 1920 selig gesprochenen Anna Maria Taigi (1769–1837) eine Vision aus dem Jahre 1818 aufgezeichnet sein, in der es unter anderem über ein Strafgericht Gottes heißt:

> »Es wird über die ganze Erde eine dichte Finsternis kommen, die drei Tage und drei Nächte dauern wird ... Sie wird mit Verpestung der Luft verbunden sein, die zwar nicht ausschließlich, aber hauptsächlich die Feinde der Religion hinwegraffen wird ... Wer während dieser Finsternis aus Neugierde das Fenster öffnet und hinausschaut oder aus dem Haus geht, wird auf der Stelle tot hinfallen ... Nach der Finsternis wird der hl. Erzengel Michael auf die Erde herabsteigen und den Teufel bis zu den Zeiten des Antichrists fesseln. Zu jener Zeit wird sich die Religion überall ausbreiten und es wird ein Hirt sein, unus pastor.«

Ähnlich die seit 1873 stigmatisierte Marie Julie Jahenny (1850–1941), die im März 1891 eine fast gleichlautende Finsternisvision gehabt haben soll. »Das Meer« – heißt es darin – »wird schäumende Wogen über das Festland schleudern ... In einen unermeßlichen Friedhof wird die Erde umgewandelt, die Leichen der Gerechten und der Gottlosen bedecken die Erde ... Alles wird zerstört sein und Dreiviertel der Menschheit wird umkommen. Die Krisis wird plötzlich ausbrechen und wird auf der ganzen Erde gemeinsam sein.«[19]

Das Motiv der untergehenden Städte ist als Ausstrahlung der

apokalyptischen Verkündigung des Untergangs der Stadt der Kaiser durch die Jahrhunderte zu finden. In der »Marienoffenbarung« von La Salette, von der noch zu sprechen sein wird, beschließt Mélanie Mathieu die Vision eines allgemeinen, noch vor der Zeit des Antichrist kommenden Krieges mit den Worten: »Paris wird niedergebrannt und Marseille verschlungen werden.« Dazu erläutert der Knabe Maximin von La Salette: Die Stadt werde nicht vom äußeren Feind, sondern vom ›eigenen Gesindel‹ verbrannt werden. Es ist anzunehmen, daß Irlmaier diese Prophezeiungen gekannt hat.

Beispiele für die in den Weissagungen wiederkehrenden Motive »Große Finsternis« und »Kosmische Katastrophe« könnten vermehrt werden. Es möge genügen, noch einige Namen zu nennen: Nostradamus kann man dafür in Anspruch nehmen (die Quatrains 1.84 und 3.34 nach Schönhammer); Jakob Lorber, der »Schreibknecht Gottes« in der ersten Hälfte des 19. Jahrhunderts; Kugelbeer, der Vorarlberger Seher (1922); Helena Aiello, Cosenza, Süditalien 1954, eine Stigmatisierte[20]; Cayce, der »Seher von Virginia Beach« in den vierziger Jahren[21]. Neue Veröffentlichungen bringen die befürchteten Naturkatastrophen einer »Endzeit« in Zusammenhang mit einer Verlagerung der Erdachse, so John White »Pole Shift, Predictions and Prophecies of the Ultimate Disaster« (1980). In diesem Buch ist ein Kapitel über »Native American Prophecies« bemerkenswert – Material über Endzeiterwartungen amerikanischer Indianer, die eine bevorstehende kosmische Katastrophe, die Verlagerung der Erdachse, synchronistisch mit dem Verlust des Gleichgewichts des herrschenden Teils der Menschheit in Verbindung bringen. (Nur radikale Sinnesänderung könne – so die Weisen des Stammes – die Katastrophe noch aufhalten.[22]) Die Parallelen zu christlichen Ankündigungen von Strafgerichten liegen auf der Hand.

2. Die »heilige Stadt Köln« in der Weissagung und die »Schlacht am Birkenbaum«

Der jahrhundertealte »prophetische Vorratskorb« fördert immer wieder das Grundmodell hervor: Bestrafung der entarteten Menschheit durch große Katastrophen – Rettung durch einen großen Monarchen und zuletzt ein glückliches Zeitalter. Dabei spielt, besonders im deutschsprachigen Raum, »die heilige Stadt Köln« eine große Rolle, oft als Zufluchtsort eines fliehenden Papstes. Ich erinnere an die Parallele im ersten Feldpostbrief: »Dann sagt er, daß der regierende Papst dabei sei beim Friedensschluß, muß aber zuvor in Italien fliehen ... und er kommt nach Köln, wo er nur einen Trümmerhaufen findet ...« und an Irlmaier: »Um Köln entbrennt die letzte Schlacht. Nach dem Sieg wird ein Kaiser vom fliehenden Papst gekrönt, und dann kommt der Friede.«[23]

Dunkle Vierzeiler von Nostradamus kann man zum Beleg des Köln-Motivs heranziehen:

V/94 »Übergesetzt in das ganze Deutschland
Selbst bis Brabant, Brügge, Flandern und Boulogne:
Durch heuchelndes Handeln wird Armeniens Führer
Angreifen Wien und Köln.«

M. Kahir deutet diese Strophe kühn als einen Vorstoß der Sowjetmacht (»Armenien steht hier symbolisch für den Osten«) und einen vorausgehenden Vierzeiler als »Zerstörungen in ganz Europa«[24].

V/43 »Genug der Ruinen großer, heiliger Stätten
In der Provence, Neapel, Sizilien und Pons.
Deutschland am Rhein und zu Kölln
Tödlich bedrängt durch die Truppen Magogs.«

Die Weissagung, daß ein kriegerischer Ansturm aus dem Osten bei Köln zum Erliegen kommt, findet sich schon im frühen Mittelalter. Damals waren es die Türken, die zum Rhein vordringen und in einer letzten Schlacht bei Köln vernichtend geschlagen werden. Auch in die Voraussagen des Klosterboten Bernhard

Rembold (1698–1783), genannt der »Spielbernd«, ist Köln eingegangen: »Das ist der Blutzeit Anfang, wenn die Stadt Kölln eine fürchterliche Schlacht sehen wird.« »Die Endschlacht« – so geht es weiter – »wird am ›Birkenbäumchen‹ in Westfalen stattfinden. Das Land wird menschenleer sein. Ein Bauer wird zum König gewählt, der nur ein Jahr regieren wird. Der aber die Krone nach ihm trägt, wird der Menschheit den Frieden bringen. Danach wird eine gute und glückliche Zeit sein.«

Der Patriarch der westfälischen Seher, der Schäfer Jasper (1764–1833), sieht die »Völker der halben Welt« sich in der Schlacht am Birkenbaum gegenüberstehen. Von den Russen, heißt es, werden nur wenige nach Hause kommen, um ihre Niederlage zu verkünden. Der römische Stuhl wird eine Zeitlang leerstehen. Dann wird *eine* Religion werden. Deutschland bekommt einen König, und dann folgen glückliche Zeiten. Die »Schlacht am Birkenbaum« gehört zu den Motiven der »Großen Weissagung«. Hübscher hat diese Wandersage, die immer wieder aus Zeitumständen angereichert wurde, materialreich verfolgt.

3. Die Päpste-Weissagung des Malachias

Die Prophezeiungen der Feldpostbriefe und Irlmaiers, daß nach dem dritten Weltgeschehen der Friedensschluß in Köln in Gegenwart des aus Italien geflohenen Papstes erfolgen solle und dieser einen deutschen Kaiser krönen werde, bringt die umstrittene Weissagung des heiligen Malachias ins Spiel. Denn diese »Prophetia de futuris Romanis Pontificibus«, die aus 111 kurzen Sinnsprüchen über die Päpste von Cölestin II. (1143–1144) bis zum Weltende besteht, verführt zu zeitlichen Bestimmungen. Der gegenwärtige Papst Johannes Paul II. ist in der Reihenfolge der Weissagung der 110. Inhaber des Stuhles Petri. Der auf ihn gemünzte Sinnspruch »De labore solis« (von der Sonnenfinsternis) soll sich auf eine Sonnenfinsternis zur Zeit seiner Geburt beziehen. Andere Interpreten im Banne dieser vieldiskutierten säkularen Prophetie kümmern sich wenig um grammatikalische Exaktheiten und berufen sich auf die Assoziationen, die der

Sinnspruch provoziert: »de labore« = »Arbeit, Arbeiter, Welt der Arbeiter« und »solis« = im Osten aufgehend, womit man bei dem aus dem Osten stammenden Arbeitersohn angelangt wäre (Réju 1979). Wie dem auch sei – für die Zeitbestimmung hat die deutende Phantasie keinen so großen Spielraum. Da anzunehmen ist, daß Johannes Paul II. noch in diesem Jahrhundert einen Nachfolger erhält (der dann der letzte reguläre Papst wäre mit der Devise: »gloria olivae« – Ruhm des Olivenzweigs), müßte sich die Vision vor der Jahrhundertwende erfüllen. Dann kommt der große Unbekannte, für die Adepten das Rätsel der Prophetie: Petrus II. Romanus, der nicht mehr mit einem Sinnspruch charakterisiert, sondern dessen Tätigkeit kommentiert wird: »Während der letzten Verfolgung der Heiligen Römischen Kirche wird Petrus II. aus Rom regieren. Er wird die Herde unter vielen Bedrängnissen weiden, nach deren Überwindung die Siebenhügelstadt zerstört werden und der furchtbare Richter sein Volk richten wird.« Prophetiegläubige Interpreten sehen in dem Fehlen eines Sinnspruchs einen Hinweis darauf, daß dieser Petrus II. kein »offizieller Papst« sein wird, auch kein Antipapst (Malachias hat auch die Antipäpste mit einer Devise bedacht), sondern ein christlicher Herrscher zu einer chaotischen Zeit. Man zieht sich bei Versuchen einer Interpretation auf die Apokalypse zurück. Ein Gegengewicht zu dieser düsteren Prophezeiung sind die zum Teil von mir erwähnten Weissagungen einer Renaissance der Christenheit aus den Schrecken einer Endzeit unter der Obhut eines »Pastor unus«.

Über die Malachias-Weissagung gibt es ein umfangreiches Schrifttum. Der heilige Malachias, dem diese Endprophetie zugeschrieben wird, war Metropolit von Irland. Sein Biograph Bernhard von Clairvaux preist seine Sehergabe, erwähnt aber mit keinem Wort die Papstweissagung, die erst 1595 zu Venedig in einer Legendensammlung auftaucht, welche der Benediktiner Arnold Wion herausgab. Zwischen den Devisen für die Päpste vor und nach dem Jahre 1590 gibt es einen auffallenden Unterschied: Die Devisen für die Päpste von Cölestin II. bis zu Urban VII. (1590) sind von den Geburtsorten, den Wappen, den Familien- oder Taufnamen oder von den Kardinalstiteln der Päpste genommen, die späteren dunklen, auslegebedürftigen Devisen suchen den Charakter, die Bedeutung oder die Leistung der Päpste zu charakterisieren. Es gilt als gesichert, daß die Prophetie erst um 1590 entstanden ist und die vorhergehenden Sinnsprüche gefälscht sind, insofern sie als prophetisch ausgegeben werden. Die Beurteilung in der Literatur ist unterschiedlich. F. X. Seppelt (1932) schleudert das Anathem auf die »wirre, geistlose und ausgeklügelte Fälschung«[25]; der skeptische Hübscher sagt zwar: »keine Devise, für die sich keine Deutung gefunden hätte«, nennt aber doch einige zutreffende Sinnsprüche und gibt eine große Literaturübersicht. P. Bander (1969) bekam für seine sich gläubig gebärdende, durch einen Schuß Ironie ins Zwielicht gezogene Darstellung sogar das Vorwort eines Apostolischen Nuntius.

Zwei Endzeitprophezeiungen, die für viele Glaubensgewißheit sind, will ich ihrer aktuellen Bedeutung wegen abschließend behandeln, obwohl sie eine nur lockere Beziehung zu den Feldpostbriefen als Ausgangspunkt dieses Artikels haben: die »Marienoffenbarungen« von La Salette und Fatima.

III. Offenbarungen im religiösen Rahmen

1. Die »Marienoffenbarung« von La Salette

Im September 1846 »erschien« die Jungfrau Maria auf dem Berg La Salette südlich von Grenoble zwei Hirtenkindern, Maximin Sivoud und Mélanie Mathieu (1831–1904) und vermittelte jedem ein Geheimnis; nur das Mélanies wurde 1879 veröffentlicht. Als die Gottesmutter in dem portugiesischen Dorf Fatima 1917 wiederum von Kindern gesehen und als ihre Botschaften gehört wurden, soll sie Bezug auf La Salette genommen haben. La Salette und vor allem Fatima sind weithin bekannte Wallfahrtsorte geworden. In beiden »Offenbarungen der Madonna« geht es um die zunehmende Gottlosigkeit der Menschen und die Gefahr eines drohenden Strafgerichts, wenn sie sich nicht zu einer Umkehr besinnen – also um Endzeitvisionen.

In seinem Buch »Visionen und Prophezeiungen« (1958) macht der Theologe Rahner darauf aufmerksam, daß der Heilige Stuhl die Verbreitung der »Prophezeiungen« von La Salette wiederholt verboten hat. Das erste Mal geschah das, nachdem die Seherin die Prophezeiungen mit kirchlicher Erlaubnis des Bischofs von Lecce veröffentlicht hatte, durch zwei Briefe des Cardinals Caterini. Dann in aller Form im Jahre 1901 und 1907 bei der Gelegenheit der Verurteilung von zwei Büchern von Gilbert Combe über das »Geheimnis«. Das ausdrücklichste und schärfste Verbot wurde 1915 mit einem Dekret erlassen, das die schwersten Strafen dem androht, der es wagen sollte, über dieses »Geheimnis«, in welcher Art es auch sein sollte, zu schreiben. Von einer ähnlichen Besorgnis der Kirche ist – wie zu schildern sein wird – das sogenannte »Dritte Geheimnis von Fatima« umgeben, das zwar nicht mit einem Verbot, aber mit der Zurückhaltung des Vatikans, ein in seinen Archiven sekretiertes Manuskript zu veröffentlichen, dem Aufklärung verlangenden Publikum entzogen wird. Erst kürzlich – Anfang Mai 1981 – machte die Weigerung des Vatikans, zwei veröffentlichten Teilen der Marienbotschaft nun auch den für 1960 angesagten dritten Teil folgen zu lassen, in der Weltpresse Schlagzeilen: Der Ire James Downey entführte eine Boeing auf dem Flug von Dublin nach London, um den Vatikan zur Herausgabe des »Dritten Geheimnisses von Fatima« zu zwingen.

Die »Botschaft der Gottesmutter« an Mélanie vom 19. September 1846 beginnt mit einer Brandmarkung des schlechten Lebens der Priester: Beten und Buße sind vernachlässigt worden, der Dämon hat ihren Geist verdunkelt ... Gott wird der alten Schlange erlauben, ihre Divisionen unter die Herrschenden in alle Teile der Gesellschaft und in alle Familien zu bringen. Er wird die Menschen alleinlassen und ihnen Züchtigungen schikken, die mehr als 35 Jahre dauern werden. Luzifer wird der Hölle entsteigen, dann kommen Kriege bis zum letzten Krieg, der von den zehn Königen des Antichrist gemacht wird, die dann die ganze Welt beherrschen. Rom wird vom Glauben abfallen und Sitz des Antichristen sein.

Es folgt eine Endzeitvision: Die Jahreszeiten werden verändert, die Sterne bewegen sich nicht mehr regelmäßig, Feuer und Wasser bringen den Erdball in konvulsivische Bewegungen, furchtbare Erdbeben verschlingen Berge und Städte. Blutige

Kriege, Hungersnöte, ansteckende Krankheiten wüten. Gott hilft den wenigen Guten, die sich behaupten. Das heidnische Rom wird verschwinden. Feuer wird vom Himmel fallen und drei Städte verbrennen, die ganze Welt wird in Schrecken versetzt ... Der König der Finsternis, der sich als Retter der Welt ausgibt, wird mit allen, die ihm anhängen, vom Erzengel Michael in die ewigen Abgründe der Hölle gestürzt. Dann werden Wasser und Feuer die Erde reinigen und alle Werke der Hybris des Menschen vernichten. Alles wird neu: man wird Gott dienen und preisen ... Eine apokalyptische Vision, die die Kirche schließlich doch nicht unterdrücken konnte. Léon Bloy hat das »Geheimnis« 1945 in seinem Buch »Celle qui pleure. Notre Dame de La Salette« erneut veröffentlicht. Die Statue der weinenden Madonna in der Wallfahrtskirche von La Salette ist mittlerweile fast ebenso bekannt geworden wie die der strahlenden Gottesmutter von Fatima, die Gläubige nach dem Zweiten Weltkrieg zur Verehrung um die halbe Welt transportiert haben.

2. Die »Marienoffenbarung« von Fatima

Die Geschichte von Fatima ist mysteriöser als die von La Salette. Die Gottesmutter, zunächst als »die Dame« bezeichnet, »erschien« drei portugiesischen Bauernkindern sechsmal, zuerst im Mai 1917. Die damals zehn Jahre alte Lucia sah und hörte die Madonna und sprach mit ihr, ihre jüngere Cousine Yacinta sah und hörte die Madonna, konnte aber nicht mit ihr sprechen, und ihr 9jähriger Vetter Francisco mußte sich mit dem Anschauen der schönen heiligen Jungfrau begnügen. Die beiden jüngeren Seherkinder starben bald nach den Erscheinungen, die eigentliche Mittlerin der Botschaften, Lucia, seit langem Ordensschwester Maria Lucia de Jesus, lebt als bald 75jährige Karmeliterin in der Klausur eines Klosters in Coimbra, die sie nur verlassen durfte, als Papst Paul VI. 1967 den mittlerweile weltbekannt gewordenen Wallfahrtsort Fatima und sie persönlich besuchte.

Ein Zug vieler visionärer Offenbarungen, daß sie zunächst als »Geheimnis« bewahrt werden sollen, ist bei Fatima besonders ausgeprägt. Die Seherkinder gaben zunächst – außer Andeutungen – keine Auskunft über den Inhalt der Botschaften. Erst Jahre nach den Erscheinungen wurden der Öffentlichkeit Voraussagen bekannt, die die Gottesmutter Lucia anvertraut haben soll und über die diese mündlich berichtet hatte: Der Krieg werde bald zu Ende gehen, aber wenn Gott weiter beleidigt und mißachtet würde, käme es zu einem noch schlimmeren Kriege, der unter dem Pontifikat von Pius XI. (1922–1939) ausbrechen würde. Um das Strafgericht zu verhindern, solle Rußland ihrem Unbefleckten Herzen geweiht und die Sühnekommunion am ersten Samstag des Monats eingeführt werden. Und weiter nach einer Niederschrift von Lucia wörtlich: »Wenn man meine Bitten erfüllt, wird Rußland sich bekehren, und es wird Friede sein. Wenn nicht, so wird es seine Irrtümer in der Welt verbreiten, Krieg und Verfolgungen der Kirche hervorrufen; die Guten werden gemartert werden, der Heilige Vater wird viel zu leiden haben; mehrere Nationen werden vernichtet werden. Am Ende wird mein Unbeflecktes Herz triumphieren, der Heilige Vater wird mir Rußland, das sich bekehren wird, weihen, und der Welt wird einige Zeit des Friedens geschenkt werden.«

Vorausgegangen war dieser »Botschaft« vom 13. Juli 1917 eine »Höllenvision«, die die Kinder in Schrecken versetzte und sie auf die apokalyptischen Voraussagen vorbereitete, die sie dann als Geheimnis anvertraut bekamen.

Karl Rahner, der sich in seinem obengenannten Buch bemüht, Kriterien für die Unterscheidung profaner, »parapsychologischer« Prophezeiungen von gottgewollten zu finden, hält es in bezug auf Fatima für unverständlich, daß »Gott gewisse die ganze Welt betreffende Dinge einer Person *offenbart*, damit diese sie *geheimhalte* bis nach ihrer Erfüllung.«

Für den 13. Oktober 1917 kündigte die in den visuellen und akustischen Visionen der Kinder erscheinende Madonna ein Wunder an. Es wird in der Fatima-Literatur dithyrambisch beschrieben: 70000 Menschen erwarteten es, die Sonne soll sich wie ein Feuerrad gedreht und in allen Farben des Regenbogens geleuchtet haben. Es bleibt offen, ob es sich um eine Massensuggestion oder um ein meteorologisches Ereignis handelte. Castelbranco berichtet wie viele andere in seinem Buch »Maria erscheint und spricht in Fatima« (1949) mit Zeugenaussagen über das »Sonnenwunder«. Der Fatima-Kult wuchs lawinenartig an. Eine Basilika wurde errichtet, Ströme von Pilgern kamen – an einem Gedenktag wurde eine halbe Million Pilger gezählt. An kritischen Stimmen aus katholischer Sicht fehlt es nicht. So besonders scharf P. Bernardus: »Fatima – Wahrheit oder Täuschung?« (1952). »Was ist in Fatima erschienen?« – fragt der Autor und antwortet: »Ganz sicher ist nicht Maria, die heilige und reine Mutter unseres Herrn und Erlösers erschienen; höchst wahrscheinlich war es der drei Hirtenkinder eigener Geist; dazu kamen später die Halluzinationen der heutigen Ordensfrau Lucia. War es ein böser Geist? Wir wissen es nicht. Dieser Gedanke legt sich jedoch nahe, weil es der Erscheinung gelungen ist, die katholische Kirche auf evangeliumsfremde Pfade zu locken.« (S. 16). In die Spannung solcher gegensätzlicher Positionen ist das »dritte Geheimnis von Fatima«, auf das es im Kontext der Kriegsprophezeiungen ankommt, gestellt. Es bedurfte der Vorgeschichte, um die Diskussion über das brisante Thema verständlich zu machen.

Das gesamte, angeblich am 13. Juli 1917 offenbarte Geheimnis wurde nach mir zugänglichen Quellen von Lucia endgültig zwischen dem 25. Dezember 1943 und dem 9. Januar 1944 schriftlich redigiert, nachdem sie vorher, mit Ausnahme des als »drittes Geheimnis« bezeichneten Teiles, mündliche Mitteilungen gemacht und erst einen Teil 1941 schriftlich niedergelegt hatte. Lucia übergab das Dokument – das »dritte Geheimnis« offenbar gesondert und versiegelt – dem Bischof von Leiria, wobei abgesprochen worden sei, daß es erst 1960 geöffnet werde. (Lucia: »... dann versteht man es besser, wenn die Obrigkeit es aber will, kann es schon jetzt gelesen werden ...«)

Das berichtete P. Joaquin M. Alonso in einer gründlichen, in bezug auf den Inhalt des »dritten Geheimnisses« aber tendenziösen, dessen prophetischen Inhalt herunterspielenden Studie: »La Verdad Sobre el Secreto de Fatima«[26]. Nach vielem Hin und Her kam das Dokument schließlich durch den Apostolischen Nuntius ungeöffnet in die Obhut des Heiligen Officiums in Rom und in die persönliche Verantwortung des Papstes. Zur großen Enttäuschung Lucias und der Fatima-Gläubigen erfolgte die von der Madonna zur Rettung empfohlene Weihe des vom Glauben abgefallenen Rußlands an das Unbefleckte Herz nicht. Um so eindringlicher wiederholte Schwester Lucia die Aufforderung, den Rosenkranz zu beten.

Kardinal Ottaviani, Mitglied des Heiligen Officiums in Rom, von dem angenommen wird, daß er das Dokument gelesen hat, hüllte sich in bedeutungsvolles Schweigen und sagte während des Pontifikats von Johannes XXIII. (1958–1963): »Das Geheimnis ist wichtig. Es ist für den Heiligen Vater, an den es gerichtet ist. Er ist der Empfänger. Und wenn sich der Empfänger nicht entschließt zu sagen: Der Zeitpunkt ist gekommen, es der Welt bekannt zu machen, müssen wir es seiner Weisheit überlassen, daß es geheim bleibt.« Es blieb offiziell geheim – bis heute. Es war anscheinend zu einem brisanten Objekt für antagonistische Tendenzen im Vatikan geworden: Progressisten erklärten Fatima zu einem Symbol des Reaktionären. Sie kritisierten daher heftig eine Wallfahrt von Paul VI. (1963–1978) nach Fatima, die sie als Kehrtwendung gegen die nach dem Konzil eingenommenen Positionen bezeichneten. Paul VI. kannte das »dritte Geheimnis« und soll tief beeindruckt gewesen sein. Man munkelte, daß es apokalyptische Prophetien enthalte. Eifrige kirchliche Kommentatoren wie P. Alonso versuchen dagegen darzulegen, daß das Dokument nur eschatologische Verheißungen enthalte und gegenüber den früheren Offenbarungen nicht besonders wichtig sei. Warum der Wortlaut dann nicht offiziell vom Vatikan bekannt gegeben wurde, blieb ungeklärt, und es mußte von dieser beschwichtigenden Seite als Fälschung diskriminiert werden, was nun geschah:

Der deutsche Journalist Louis Emrich veröffentlichte am 15. Oktober 1963 in der von ihm herausgegebenen Wochenschrift »Neues Europa« einen Artikel »Die Zukunft der Menschheit«, den er mit den Worten einleitete, es sei ihm gelungen, über den dritten Teil der Botschaft von Fatima hochinteressante Aufschlüsse zu erhalten. Er sei in der Lage, dessen Inhalt auszugsweise in der Form mitzuteilen, wie er Diplomaten in Washington, London und Moskau zugänglich gemacht wurde. Papst Paul VI. habe anläßlich der Kuba-Krise eine »diplomatische« (gekürzte) Version der Botschaft Kennedy, Macmillan und Chruschtschow zugeleitet. Aus Diplomatenkreisen verlautete, daß der Abschluß des Vertrages über ein Verbot aller weiteren

Atombombenversuche (Moskau, 6. August 1963) »wesentlich auf den nachhaltigen Eindruck zurückzuführen ist«, den der Auszug aus der dritten Botschaft in den maßgebenden diplomatischen Kreisen gemacht habe.

Dieser Auszug ist vielfach nachgedruckt worden, so in R. Bascheras Buch »Le profezie« (1974). Daraus entnahm ihn der mir persönlich bekannte Msgr. Corrado Balducci, Prälat der römischen Kongregation für die Evangelisation der Völker. Während des Konklave nach dem Tod von Papst Johannes Paul I. veröffentlichte er in der Vatikan-Wochenzeitung »Osservatore della Domenica« (15. Oktober 1978) einen Artikel »Profezia e Realtà«, in dem er einige apokalyptische Kernsätze des »dritten Geheimnisses« offenlegte. Wahr oder nicht – schreibt er – wolle er sie berichten. Der Text gäbe zu denken, und seine Authentizität schiene akzeptabel. Und wörtlich: »Es ging das Gerücht um, daß dieses dritte Geheimnis von Fatima 1960 publik würde, und man dachte, daß es dann während des heiligen Jahres 1975 bekanntgemacht würde. Aber dem war nicht so, und man nahm deshalb an, daß kein Motiv es rechtfertigen würde, diese Prophezeiung zurückzuhalten, wenn es sich um gute Neuigkeiten handeln würde. Also muß dieses dritte Geheimnis sehr schreckliche Dinge zum Inhalt haben. Indiskretionen haben veranlaßt, daß der Text schließlich in einer Zeitung erschien mit dem Hinweis, daß er 1963 dem amerikanischen und dem russischen Präsidenten zugespielt worden sei.« Dieser Artikel wurde von Balducci zu einer Zeit publiziert, als ein Hauptgegner von Fatima während des Interregnums des Konklaves nicht amtierte. Diese Information erhielt ich von einer gut informierten Quelle, Abbé Boyer, auf den ich noch zu sprechen kommen werde. Aus der Tatsache, daß die Ausführungen Balduccis im »Osservatore della Domenica« vom Vatikan nie dementiert worden sind, schließen Fatima-Experten auf die Authentizität der »diplomatischen Version«. Diese lautet (in Auszügen):

»Über die ganze Menschheit wird eine große Züchtigung kommen, noch nicht heute und noch nicht morgen, aber in der zweiten Hälfte des zwanzigsten Jahrhunderts. Was ich in La Salette bereits durch die Kinder Mélanie und Maximin zum Ausdruck brachte, wiederhole ich heute Dir gegenüber. Die Menschheit hat sich nicht so entwickelt, wie Gott es erwartete. Die Menschheit hat gefrevelt und das Geschenk, das ihr gegeben wurde, mit Füßen getreten.

Nirgends mehr herrscht Ordnung. Selbst in den höchsten Stellen regiert Satan und bestimmt den Lauf der Dinge. Er wird es verstehen, sogar in die höchsten Spitzen der Kirche einzudringen. Es wird ihm gelingen, die Köpfe großer Wissenschaftler zu verwirren, die Waffen erfinden, mit denen man die Hälfte der ganzen Menschheit in wenigen Minuten vernichten kann. Er wird die Mächtigen der Völker in seinen Bann schlagen und sie veranlassen, daß diese Waffen in Massen erzeugt werden ... Wenn die hohen Spitzen der Welt und der Kirche diesem Geschehen nicht in den Arm fallen, werde ich es tun und Gott, meinen Vater, bitten, das große Strafgericht über die Menschen kommen zu lassen ... Der große, große Krieg fällt in die zweite Hälfte des zwanzigsten Jahrhunderts. Feuer und Rauch werden dann vom Himmel fallen, und die Wasser der Ozeane werden verdampfen, und die Gischt wird gen Himmel zischen und alles wird umstürzen, was aufrecht steht. Und Millionen und Abermillionen von Menschen werden von einer zur andern Stunde ums Leben kommen, und die, welche dann noch leben, werden diejenigen beneiden, welche tot sind ... überall wird der Tod regieren, von irrenden Menschen zu seinem Triumph erhoben und von Knechten Satans, der dann der einzige Herr auf Erden ist ... Später aber, wenn die, die alles überstehen, noch am Leben sind, wird man erneut wieder nach Gott und seiner Herrlichkeit rufen und Gott dienen wie einstens als die Welt noch nicht so verdorben war.

Die Zeit der Zeiten kommt und das Ende aller Enden, wenn die Menschheit sich nicht bekehrt und diese Bekehrung nicht von oben kommt, von den Regierenden der Welt und den Regierenden der Kirche ...«

In bezug auf die von Louis Emrich publizierte sogenannte »diplomatische Version« des »dritten Geheimnisses von Fatima« erhielt ich von Frau Hella Emrich, Mitarbeiterin ihres 1974 verstorbenen Mannes, eine Auskunft über die Umstände, die zu dieser Fassung des Textes geführt haben. Nachdem ihr Mann sich längere Zeit vor der Veröffentlichung am 15. Oktober 1963 mit Fatima befaßt hatte und schon Informationen über den wahrscheinlichen Inhalt des vom Vatikan gehüteten »Staatsgeheimnisses« erhalten hatte, besuchte ihn ein Pater aus dem Vatikan, der aber ausdrücklich betonte, daß er nicht im Auftrage des Vatikans komme. Das Gespräch zwischen ihrem Mann und dem Pater fand unter vier Augen statt und dauerte den ganzen Vormittag. Ihr Mann habe sich danach geäußert, er könne verstehen, warum das geheimgehalten werde. Man wolle die Menschen nicht beunruhigen. Es sei ganz schrecklich, was da auf uns zukomme, die Apokalypse. Jetzt müsse und könne er darüber schreiben, um zu warnen, denn er habe jetzt übereinstimmende Informationen. Nach seinen Notizen habe ihr Mann dann die »diplomatische Version des dritten Geheimnisses von Fatima« zusammengestellt. Nach der Veröffentlichung habe ihn Abbé Boyer, der französische Fatima-Forscher, besucht, der dann den Text in Frankreich bekannt machte. Auf die Frage nach dem Motiv des Paters sagte Frau Emrich: »Er war Leser von ›Neues Europa‹ und hat Nummern aufgehoben, in denen mein Mann den Zweiten Weltkrieg voraussagte. Er hat das Gefühl gehabt, daß es höchste Zeit ist, den Menschen die Augen zu öffnen und zu sagen, was uns noch alles bevorsteht. So fand er es dringend notwendig, meinen Mann zu sehen und mit ihm zu sprechen.« (Mündliche Mitteilung vom 2. 9. 1981)[27].

Das Fatima-Thema kommt nicht zur Ruhe. So berichtet die »Münchener Sonntagszeitung«, daß Papst Johannes Paul II., nach dem Inhalt des »dritten Geheimnisses von Fatima« bei seinem Deutschland-Besuch in Fulda befragt, gesagt haben soll: »Es sollte jedem Christen genügen, wenn er folgendes weiß: Wenn zu lesen steht, daß Ozeane ganze Erdteile überschwemmen, daß Menschen von einer Minute auf die andere abberufen werden und das zu Millionen, dann sollte man sich wirklich nicht mehr nach der Veröffentlichung dieses Geheimnisses sehnen.«

3. »*Encore Fatima au jour le jour*«

»Encore Fatima au jour le jour« – Fatima heute – ist der Titel einer Wochenschrift, die Abbé Jean Boyer, früher als Arbeiterpriester bekannt, als Organ der »Amis de Fatima La Salette« herausgibt. Mit zahlreichen Presseauszügen analysiert Boyer die soziale und politische Situation, sorgsam alle Zeichen unchristlicher Demoralisation registrierend und über die Signale der Gefahr vom Osten und der Vorbereitung einer Aggression im Innern des Landes informierend. Abbé Boyer ist fest von der Authentizität der Marienbotschaft des »dritten Geheimnisses« überzeugt.

Er hat in St. Geours-de-Maremne in Südfrankreich, zwischen Bayonne und Bordeaux, das Refugium »Fatima France« errichtet und fordert Schutzsuchende auf, bei Beginn eines Bürgerkrieges sich dorthin zu begeben. Zivile Unruhen sollen nach der Botschaft von Fatima den Ausbruch des vorausgesagten Krieges einleiten. Wie ich bei einem Besuch im September 1980 feststellen konnte, befinden sich jetzt schon Fatima-Gläubige in diesem Refugium. Sie versammeln sich zum Gottesdienst in einer großen Kapelle, Notre Dame de Fatima, und sind fest davon überzeugt, daß eine in der Nachbarschaft stationierte Fallschirmjäger-Abteilung das Asyl des Abbé Boyer schützen werde.

In einem Gespräch berichtete mir der energische und streitbare Abbé, daß er schon im Oktober 1963 das »dritte Geheimnis« in Frankreich publiziert habe, was heftige Reaktionen des französischen Episkopats zur Folge gehabt habe. Die Bischöfe verlangten von Rom ein Dementi, das aber ausblieb. Als er 1964 seinen Refugium-Plan bekanntmachte und einen Bürgerkrieg voraussagte, wurde er wegen Verbreitung falscher Nachrichten und Aufforderung zu Unruhen angeklagt und verurteilt. Erst eine Intervention des von Papst Paul VI. unterstützten Kardinals von Paris, Veuillot, befreite ihn aus der Haft. Ich erwähne diese originelle Persönlichkeit, die übrigens über erstaunlich vielschichtige Informationen verfügt, um unter einem sozialpsychologischen Aspekt die Umsetzung von Kriegsprophezeiungen in Verhaltensmaßnahmen zu zeigen.

IV. Präkognition und Intervention

In der parapsychologischen Literatur ist die Frage erörtert worden, ob präkognitive Eindrücke von Unglücken oder Katastrophen zu einer verhaltensrelevanten Vorwarnung verwendet werden können, wenn sie systematisch gesammelt werden. Anlaß zu diesen Überlegungen, die unter anderem von dem amerikanischen Psychiater und Parapsychologen Ian Stevenson angestellt wurden[28], gab das Aberfan-Unglück in Wales 1966. Eine große Kohlenhalde an einem Berghang rutschte ab und begrub das von den Bergleuten bewohnte Dorf Aberfan. 144 Personen wurden getötet, meist Kinder in einer Schule, die vom Bergrutsch erfaßt wurde.

Der am Problem der Präkognition interessierte englische Psychiater J. C. Barker appellierte durch eine große britische Zeitung an Personen, die der Meinung waren, eine Vorankündigung des Unglücks erhalten zu haben. Er bekam 76 Antwortbriefe, von denen 35 Berichte vertrauenswürdig zu sein schienen. Bei 24 von diesen erhielt er eine Bestätigung, daß der Perzipient vor dem Unglück über seine Eindrücke gesprochen hatte. Bei 25 von den 35 Fällen handelte es sich um Träume. Eine Beziehung zu der Aberfan-Katastrophe schien evident[29]. In bezug auf die Ermordung von Politikern kennt Stevenson zwei Voraussagen des Attentats auf Senator Robert F. Kennedy am 5. Juni 1968, die vor dem Mord mitgeteilt wurden. Solche Erfahrungen führten zur Einrichtung einer »Central Premonitions Registry« in New York[30], einer zentralen Sammelstelle für Berichte über als präkognitiv empfundene Erlebnisse, die dort deponiert werden, bevor die vermutlich vorausgesehenen Ereignisse sich verwirklichen. Man hofft, durch eine Analyse der Eindrücke und des Kommentars der Perzipienten vielleicht gemeinsame Merkmale zu finden, die dann eventuell einmal zu einem »Frühwarnsystem« verwendet werden könnten.

Diese Überlegungen führen zu dem Problem »Präkognition und Intervention«. Unter diesem Titel hat Louisa Rhine im »Journal of Parapsychology« das Ergebnis einer Untersuchung veröffentlicht, bei der an über 1000 Fällen als präkognitiv angesehener Erlebnisse geprüft wurde, ob befürchtete Ereignisse verhindert werden konnten. Nur eine sehr kleine Zahl von Fällen legte die Vermutung nahe. »Warnende Prophetie« ist allerdings ein Motiv der anekdotischen parapsychologischen Literatur. Auch außerhalb des fachlichen Bereichs tauchen immer wieder solche Erzählungen auf. So berichtete Werner Bergengruen von einem Verwandten, er habe von einem Totenwagen geträumt, der von einem Bediensteten in pagenartiger Uniform begleitet wurde. Als er einige Zeit darauf in einem Pariser Warenhaus mit anderen Neugierigen einen neuen Schnell-Lift benutzen wollte, öffnete ein Page die Tür, der die Uniform des Traumes trug. Erschreckt fuhr er nicht mit. Der Lift stürzte ab, und es gab Tote. Ein ähnlicher Fall findet sich im Material des Freiburger Instituts.

Die Frage der Intervention stellt sich natürlich auch in bezug auf die Kriegsprophezeiungen. Die immer häufiger anzutreffenden Kompilationen von Katastrophen-Weissagungen schalten für den verängstigten Leser beruhigende Versicherungen ein, wie etwa Jules Silver: »Der Wert der öffentlichen Bekanntgabe derartig parapsychologisch oder astrologisch ermittelter Daten liegt nicht zuletzt auch darin, daß sie einen möglichen Beitrag zur Verhinderung eines Krieges darstellen. Der öffentliche Hinweis auf den Zeitpunkt eines drohenden Kriegsausbruchs, der seherisch geschaut oder ermittelt wurde, beschwört also keine zusätzlichen Kriegsgefahren herauf, wie oftmals behauptet wird, sondern stellt logischerweise einen einzigartigen Beitrag zur Vereitelung bestehender Aggressionspläne und zur Erhaltung des Friedens dar.«

Wenn der Bericht des Journalisten Louis Emrich über die politische Wirkung der diplomatischen Version des »dritten Geheimnisses von Fatima« der Wahrheit entspricht und wenn diese Version echt ist, könnte man von einem intervenierenden Einfluß der Madonnen-Offenbarung sprechen. Die apokalyptische Vision einer Weltkatastrophe wird dadurch allerdings nicht eingeschränkt. Die Nuklearwaffen, die vielleicht 1917, jedenfalls aber 1943 vorausgesagt wurden, werden in immer größeren Massen produziert. Niemand vermag zu sagen, wie lange das »Gleichgewicht des Schreckens« erhalten bleibt. Es bedarf nicht mehr der Weissagungen, um sich das Ausmaß der Katastrophe vorzustellen, die das Zerstörungspotential hervorbringen kann.

V. Bilanz der Endzeit-Voraussagen

Das hier dargestellte Material zum Thema »Kriegsprophezeiungen« ist eine Selektion. Ausgangspunkt sind die »Feldpostbriefe«, die von dem Landwehrmann Andreas Rill berichteten Zukunftsaussagen des »prophetischen Franzosen« über ein drittes Weltgeschehen. Sie wurden mit zeitgenössischen und früheren Prophetien in Beziehung gesetzt. Dabei zeigte sich, daß die Motive, die über die »bajuwarische Perspektive« hinausreichten, mit Mustern der »Großen Weissagung« zu vergleichen waren, wie Hübscher das säkulare Arsenal des Prophetischen bezeichnete. Auch der endzeitliche Aspekt, unter dem der Visionär offenbar das dritte Weltgeschehen geschildert hat, ist ein solches Muster: moralischer Niedergang der Menschen, Selbstsucht und Habgier führen zu einem Strafgericht Gottes, östliche Aggressoren sind sein Instrument. Ein neues Reich Gottes eint die Überlebenden. In diesem Endzeitmuster werden kosmische Katastrophen angedeutet, deren Herkunft in der Apokalypse des Johannes zu suchen ist (»drei Tage Finsternis«) und die bei Visionären wie Irlmaier mit atomaren Verwüstungen verschmelzen. Die nukleare Bedrohung war offenbar nicht im Zukunftsblick des prophetischen Franzosen, wohl aber findet sich im ersten Brief ein Hinweis auf ein vermutlich kosmisches Ereignis: »Die Natur greift ein« (66/29) und ermöglicht, den Aggressor zurückzuschlagen. In bezug auf kosmische Endzeit-Ereignisse ist hier noch einmal der in diesem Artikel nur kurz erwähnte Seher Nostradamus zu erwähnen. Er hat bekanntlich seine Weissagungen verschlüsselt und nur ganz selten ein Datum genannt. Zu den Ausnahmen gehört Quatrain X. 72, in dem es heißt: »Im Jahre 1999 und sieben Monate wird vom Himmel der große König des Terrors kommen ...«[31]

Die Endzeitvision des »prophetischen Franzosen« ist offenbar auch von esoterischen Vorstellungen getragen, die der Landwehrmann vermutlich nur fragmentarisch erfassen konnte. Dahin gehört die Rede von den »dunklen Männern, die dieses Unheil bringen sollen und die sind in der ganzen Welt verteilt, an der Zahl sieben«. Hier scheint eine theosophische Spekulation von »sieben Männern mit ›dunklen Kräften‹« Pate gestanden zu haben[32].

Im »dritten Geheimnis von Fatima« eskaliert – die Echtheit unterstellt – das Endzeitmuster in das Religiös-Monumentale. Sollte die apokalyptische Botschaft wirklich dem Kind Lucia schon 1917 eingegeben worden sein, wäre als interessanter Vergleichspunkt mit den Felpostbriefen hervorzuheben, daß in beiden Prophetien vor der russischen Revolution die Bedrohung als von Osten kommend dargestellt wird. Doch bleibt die Frage der

Echtheit der kursierenden Version im Ungewissen. Die Tatsache allerdings, daß der Vatikan das Geheimnis bewahren will, spricht eher dafür, daß die »Botschaft« sinngemäß enthält, was bekannt geworden ist.

Die vergleichende Untersuchung der Prophezeiungen über ein »drittes Weltgeschehen« ergab gewisse Übereinstimmungen in bezug auf drohende destruktive Ereignisse. Das Vorkommen ähnlicher Inhalte in den verschiedenen Voraussagen vermag aber deren Gewicht nicht zu erhöhen, da durch bewußte oder unbewußte Übernahme und auch durch vermutlich kollektive Erwartungsmuster, die sich auf die Jahrtausendwende beziehen, diese nicht als unabhängig voneinander angesehen werden können. Über eine Wahrscheinlichkeit des Eintreffens läßt sich schlechterdings nichts aussagen. Daß sie für kollektive Prophezeiungen überaus gering ist, kann beispielhaft aus einer Untersuchung von Maeterlinck entnommen werden. In seinem Werk »Les Débris de la Guerre« (1918) berichtet er über die Untersuchung von 83 Prophezeiungen zum Ersten Weltkrieg, die sich bis auf zwei als illusorisch erwiesen[33]. Bei den beiden, die er als beachtenswert ansah, waren zutreffende Voraussagen mit dem persönlichen Schicksal der Visionäre verknüpft.

Eine Ausnahme macht die Vision des kriegsgefallenen Major G. von Gillhausen (sie wurde mir von den Nachkommen bestätigt), der am 3. August 1914 in einem Trancezustand den Verlauf des Ersten Weltkrieges und die Abdankung des Kaisers in Bildern »schaute«. Er schickte die sofort angefertigte Niederschrift dem Prinzen Friedrich Wilhelm von Preußen im versiegelten Umschlag zu, der sie 1915 dem Major wieder zustellte. Man fand das Schreiben in seinem Nachlaß. Es endet: »Deutschland geht furchtbar aus dem Krieg hervor, an die dreißig Jahre braucht's zur Erholung. Rußland erwacht und streitet mit Amerika um den Besitz der Zukunft. – Gott sei mit uns!«[34]

Neben dieser einzigen in der Literatur bekannten personenunabhängigen Voraussage eines zeitgeschichtlichen Kollektivereignisses stehen neben ungezählten illusorischen Prophezeiungen nur noch die in den »Feldpostbriefen« festgehaltenen Voraussagen des »prophetischen Franzosen«. Mehrfach habe ich darauf hingewiesen, daß sich aus den als zutreffend verifizierten

Angaben über das Schicksal Deutschlands bis zur Zeit der Besatzung nach 1945 nicht schließen läßt, daß die Angaben über ein drittes Weltgeschehen ebenfalls faktische Ereignisse vorwegnehmen, unabhängig davon, daß das von Rill erinnerte Datum 1947/48 schon verstrichen ist. Die Endzeitprophetie kann sich auf Potentielles beziehen, was sich nicht notwendig verwirklicht, aber einer kollektiven ängstlichen Befürchtung entspricht. Darüber zu informieren gehört zur psychohygienischen Aufgabe der Parapsychologie. Sie tritt dem naiven Glauben an Prophezeiungen entgegen, bemüht sich, die Weissagungsklischees, die gutgläubigen und manipulierten Illusionen über das Zukünftige nachzuweisen, ohne zu leugnen, daß es den »Sprung über die Zeit« geben kann.

Anmerkungen

1 Eine kurze Charakteristik des herangezogenen Schrifttums möge die Orientierung erleichtern. Es werden im folgenden nur die Autorennamen genannt, die Titel finden sich im Literaturverzeichnis.
Adlmaier: Der Chronist des bayerischen Brunnensuchers und Sehers Irlmaier. Als Sammler von Niederschriften über den Mühlhiasl eine gute Quelle für den legendären »Waldpropheten«.
Andreas: Nüchtern dargestelltes, zum Teil esoterisches Material zur »Endzeiterwartung«. Nostradamus, Marienwunder, Astrologisches, Propheten wie Katharina Emmerich, Lorber, Cayce und andere, Polverlagerung und fragliche Transplanetarier werden aus Quellenkenntnis mit deutlicher Beunruhigung behandelt.
Angerer: Eine Sammlung prophetischer Texte mit Kommentar und Quellenangabe. Der Autor erwartet prophetiegläubig die Katastrophe, aber auch den Sieg des Kreuzes.
Backmund: Gut orientierende Studie eines Ordensgeistlichen (Prämonstratenser) über Prophezeiungen mit der Einstellung, daß in den Weissagungen alter »Hellseher« aus der Zeit von 1760 bis 1850 zwar ein echter Kern ist, daß aber die Überlieferung nicht zuverlässig ist. Unter den neueren Fällen finden sich schon die Feldpostbriefe. Der Verfasser stellt abschließend die Beziehung der Weissagung zur parapsychologischen Forschung dar.
Barbault: Der Autor, ein bekannter französischer Astrologe, untersucht mit Methoden der Mundanastrologie, welche Schlüsse aus dem »grand déséquilibre planétaire« der Jahre 1982 und 1983 für die Weltereignisse gezogen werden können.
Barthas: Künder der »Geheimnisse« von Fatima aufgrund von Gesprächen

mit Sr. Maria-Lucia und überlebenden Zeugen, sowie aus Kenntnis von vier von der Seherin zwischen 1937 und 1941 geschriebenen »Heften«.
Bekh: Vom Mühlhiasl bis zu Irlmaier werden in einem ersten Buch (1976) einschließlich der Feldpostbriefe bayerische Hellseher dargestellt zum Teil mit eigenen Nachforschungen des Verfassers. Ein zweites Buch (1980) enthält viel neues Material aus dem bayerischen Raum mit düsteren Bezügen auf den Abgrund eines neuen Krieges, den zu sehen es nach der Überzeugung des Verfassers »keiner Seher mehr bedarf«.
Bohr: Eine Polemik gegen den Atheismus mit interessantem Material über Fatima, das aber nicht kritisch dargestellt wird.
Centurio: Eine gute Übersetzung und Kommentierung der Zenturien des Nostradamus, von deren prophetischem und zeitlich fixierbarem Gehalt der Verfasser überzeugt ist.
Cristoff: Ähnlich wie Barbault sagt der Autor aufgrund astrologischer Daten für 1983/84 eine »kolossale« Katastrophe für die Erde voraus, wobei er offen läßt, ob es sich um Atomkriegs- oder Naturereignisse oder beides handelt.
Damien/Hirsch: Eine kritische Enzyklopädie der Weissagungen über einen »dritten Weltkrieg« und über die »Endzeit«, mit einer Studie wissenschaftlich-futurologischer Prognosen und astrologischer Voraussagen.
Ellerhorst: Eine Auswahl von Prophetien »aus 12 Jahrhunderten« aus der Hinterlassenschaft des Weingartener Benediktinerpaters Winfried Ellerhorst. Aus katholischer Glaubensperspektive im historischen Zusammenhang dargestellt und kommentiert. Visionen, die sich auf einen »dritten Weltkrieg« beziehen können, sind besonders hervorgehoben.
Festinger/Riecken/Schachter: Eine in »Kriegsprophezeiungen II« nicht behandelte soziologische und psychologische Studie über eine Gruppe unserer Zeit, die das Weltende für einen bestimmten Termin voraussagte. Die Reaktion auf das Nicht-Eintreffen der Prophetie wird untersucht.
De Fontbrune: Eine umfassende Darstellung des prophetischen Werkes von Nostradamus, »Historiker und Prophet«. Der Autor hat ungefähr die Hälfte der 1160 Vierzeiler und Sechszeiler übersetzt und mit historischen Ereignissen in Beziehung gebracht. Nahezu 200 von 563 Seiten betreffen die noch bis zur Jahrtausendwende bevorstehenden Jahre. Eine umfangreiche Bibliographie vorwiegend französischer Nostradamus-Publikationen. Das 1980 erschienene Buch wurde 1981 zu einem »Bestseller«.
Giorgi: Eine sorgfältig dokumentierte Darstellung der »Großen Weissagung« mit besonderer Berücksichtigung von Nostradamus und der Päpste-Prophetie des Malachias.
Hübscher: Eine materialreiche, kritisch-historische Studie über die »Weissagung«, die sich – in den Worten des Autors – durch alle Zeiten wiederholt. In einem ersten Teil die Texte der Prophezeiungen, dann die Geschichte und Deutung. Ein Anhang (S. 213–238) mit einer souverän gesammelten Fülle von Literaturangaben.
Kahir: Ein Versuch, »die überwältigende Einheitlichkeit echter Prophetie in alten und neuen Weissagungen« und »die sinnbildliche Sprache des Geistes«

nachzuweisen. Nach einer »gewaltigen Passionszeit des Leides« erwartet der Autor »ein neues Menschheitserwachen«.
Philberth: Das Werk eines Atomphysikers, der die christliche Prophetie, insbesondere die Apokalypse, mit den Gefahren der Atombombe in Beziehung bringt. Der Autor vermittelt zugleich die Grundlagen der Nukleartechnologie.
Prachar: Chronologisch geordnete Voraussagen, »die vor 2000 Jahren schon die Ereignisse am sogenannten ›Jüngsten Tag‹ schildern«. Ort der Konfrontation, die die Katastrophe herbeiführt, sei der Nahe Osten.
Rahner: In der Herderschen Reihe »Quaestiones Disputatae« erschienen. Ein Versuch des bekannten Theologen, die wichtigsten Grundsätze für eine theologische und psychologische Beurteilung von Visionen und Prophezeiungen zusammenzufassen. Enthält – vor allem auch in Anmerkungen – kritische Gesichtspunkte zu Fatima.
Réju: Ein Esoteriker, der die Sinnsprüche für die 111 Päpste der Weissagung des Malachias um jeden Preis deutet, wobei teilweise interessante biographische Details vermittelt werden.
Schönhammer: Der Autor ist ein in Niederbayern tätiger Arzt, der nach dem Klappentext »die Vorhersagen der Seher wie ein Puzzle-Spiel zusammensetzt«. Was uns an Kriegsgeschehen und einer anschließenden kosmischen Katastrophe erwartet, wird als Bilanz zahlreicher wiedergegebener Weissagungen in einer Zeittafel dargestellt. Ein neues, okkult durchwirktes Weltbild zeichnet sich nach der Katastrophe als Grundlage einer religiösen Lebenshaltung ab.
Silver: Eine auf sensationelle Effekte bedachte Darstellung alter und neuer Prophezeiungen, »Trommel- und Trompetensignale des dritten Weltkriegs« in der Diktion des Verfassers.
White: Untersuchung eines auf Grenzgebiete spezialisierten Wissenschaftsjournalisten über die Frage, ob sich in der nahen Zukunft die Achse unseres Planeten mit katastrophalen Folgen verlagern wird. Darauf hinweisende Prophetien (Bibel, Nostradamus, Cayce, Indianer) werden kommentiert.

2 Hübscher 1952, S. 209.

3 Eine unverantwortliche Serie »Die schrecklichen Weissagungen für die letzten Jahre unseres Jahrhunderts«, die im Mai 1981 in einem Massenblatt erschien, ist charakteristisch für die Sensationsmache: Es wird mit Fotos an das die Gefühle weithin erregende Attentat auf Papst Johannes Paul II. angeknüpft und behauptet, in der Päpste-Weissagung des Malachias sei vorausgesagt worden, daß dieser Papst mit seinem eigenen Blut befleckt wird. Das ist frei erfunden, genauso wie die Behauptung, die dritte Voraussage von Fatima kündige das Attentat auf den Papst an. Vom Vorgänger des jetzigen Papstes, Johannes Paul I., der in der Päpste-Voraussagung mit der Devise »De medietate lunae« (»Vom halben Mond«) bedacht wird, wird behauptet, er sei nur 14 Tage lang Papst gewesen, was genau einer halben Monddrehung entspricht. Dies zeige die Treffsicherheit des Malachias, der ein »schreckliches Gericht« voraussagt. Der lächelnde Papst hat 33 Tage regiert. Man würde solche Machwerke nicht beachten, wenn nicht ein psy-

chohygienisches Interesse bestünde, die Technik solcher Desinformation aufzudecken.

4 Bekh 1976, 1980.

5 z. B. Kahir 1960, Silver 1974, Schönhammer 1978.

6 Adlmaier 1961, S. 102–104.

7 Hübscher 1952, S. 67–69.

8 S. 106.

9 Adlmaier 1960, S. 104–105.

10 S. 109.

11 Adlmaier 1960, S. 101–102.

12 S. 22–23.

13 Hübscher 1951, S. 63–67, 185–187, 235; Adlmaier 1960, S. 8–42; Backmund 1972, S. 7–29; Bekh 1976, S. 26–46.

14 Backmund, S. 29.

15 S. 14.

16 Dazu auch E. Stemplinger: »Der Weltkrieg und Deutschlands Zukunft«. In: Süddeutsche Monatshefte (»Weissagungen«), Jg. 29, Heft 11, 1932, S. 763–769.

17 S. 30.

18 Philberth, S. 175–176.

19 nach Angerer, S. 97–98. Der Autor bezieht sich auf ein Buch von Baron de Novaye: Demain? D'après les concordances frappantes de 120 prophéties anciennes et modernes. Paris (Lethielleux) 1905. Ich habe die Angabe in der Bibliothèque Nationale in Paris nachgeprüft. Die Schilderung der Finsternis-Vision beginnt mit den Worten: »Il y aura trois jours de ténèbres physiques. Pendant trois nuits et deux jours il y aura une nuit continuelle.«

20 Angerer, S. 123–133.

21 J. Stearn: Der schlafende Prophet, 1974.

22 White, S. 273–286.

23 Adlmaier 1961, S. 106.

24 S. 298.

25 F. X. Seppelt: »Die angebliche Papstweissagung des heiligen Malachias«. In: Süddeutsche Monatshefte, Jg. 29, Heft 11, S. 750–754.

26 In französischer Übersetzung: La vérité sur le secours de Fatima. Paris (Téqui) 1979.

27 Louis Emrich hat 1970 eine Broschüre veröffentlicht: Die dritte Botschaft von Fatima – nach wie vor Staatsgeheimnis des Vatikans (Verlag Neues Europa, Stuttgart). Er versucht darin, den Text der »diplomatischen Version« durch »Teilstücke, die er ausfindig machen konnte«, zu ergänzen, doch ändert die Erweiterung nichts an den prophetischen Kernsätzen. Ohne Quellenangabe berichtet er auf S. 43/44: »Anfang Februar 1970 hielt Kardinal Alfredo Ottaviani, damals Präses der Privatkanzlei von Papst Paul VI., im großen Ordenssaal der Vatikanstadt vor mehr als 900 geladenen Gästen, in der Mehrzahl Priester, Ordensleute und Vertreter der öffentlichen Meinung, einen Vortrag, bei dem er u. a. ausführte: ›Die dritte Botschaft von Fatima steht – in engster Verbindung mit den Friedensbemühungen von Papst Paul

VI. – gegenwärtig von neuem wieder im Vordergrunde der Weltöffentlichkeit. In der weltlichen wie in der kirchlichen Hierarchie ist die Frage aufgetaucht, ob das Geheimnis der dritten Botschaft von Fatima enthüllt oder ihr amtlicher Wortlaut weiterhin Staatsgeheimnis des Vatikans bleiben soll. Zu dieser Frage hat Papst Paul VI., nachdem er erneut die Botschaft gelesen hatte, beschlossen, sie *nicht* der Öffentlichkeit preiszugeben, sondern sie weiterhin als *vatikanisches Staatsgeheimnis* zu bewahren. Demgemäß wird die dritte Botschaft von Fatima nicht enthüllt; sie bleibt vielmehr nach wie vor Staatsgeheimnis des Vatikans.‹«

28 Stevenson: »Precognition of Disasters«. In: ASPR Newsletter VII, 2, April 1981 und JASPR, 64, 1970, 187–210.

29 Barker, J. D.: »Premonitions of the Aberfan Disaster«. In: Journal SPR, 44, 169–81, 1967.

30 Central Premonitions Registry, Box 482, Times Square Station, New York, N. Y. 10036.

31 Dazu de Fontbrune, S. 31 f. Außer diesem Klartext-Datum, das offenbar Endzeit-bezogen ist, findet sich noch ein unverschlüsseltes Datum in einem bekannten Brief von Nostradamus an »Henry Roi de France second« (Heinrich der Glückliche ist der visionär erschaute zukünftige »König von Europa«). Die Stelle lautet: »Diese (eine Christenverfolgung) wird anhalten bis zum Jahre 1792, wo man glauben wird, dies sei der Zeitpunkt der Erneuerung des Zeitalters« (1792 wurde die erste Republik ausgerufen, vgl. Centurio, S. 119). De Fontbrune kommentiert: 1792 ist der Beginn des Endes der christlichen Ära und 1999 das Ende selbst. Darauf bezieht sich eine Passage in dem oben erwähnten Brief (im Zusammenhang mit »Greueln« des Antichristen): »Vorher aber wird eine Sonnenfinsternis vorausgehen, die dunkelste und finsterste, die es je seit der Schöpfung der Welt und seit dem Leben und Sterben Jesu Christi bis heute gegeben hat. Es wird im Monat Oktober sein, wo man eine große Verlagerung beobachten wird, so daß jedermann glaubt, die Schwerkraft der Erde habe ihre natürliche Bewegung verloren und die Welt sei in ewige Finsternis geschleudert ... Die Erde wird gewaltig beben.« (Centurio, S. 114, 115). Das Endzeitklischee der großen terrestrischen Katastrophen (Polverlagerung) findet sich demgemäß schon im 16. Jahrhundert.

32 Dazu Andreas, S. 175, 176: Der Autor referiert theosophische Spekulationen über eine »Hierarchie der Meister«, einem Kreis gottähnlicher Wesen, »die zugleich Menschen und Unsterbliche sind«. Sie überwachen die Geschicke unseres Planeten. Vom Standpunkt der Hierarchie aus, die das Kommen eines neuen esoterischen Christus vorbereitet, sei die Zeit von 1914 bis 1918 ein Krieg gewesen, der von »sieben Männern mit ›dunklen Kräften‹« aus dem Hintergrund belebt worden sei. Der Autor erinnert an die Parallele in den »Feldpostbriefen«, in denen ebenfalls von sieben Männern die Rede ist, die als Verkörperung des Bösen das in den beiden Weltkriegen geschehene Unheil durch Manipulation der Akteure bewußt herbeiführten.

33 Maeterlinck, S. 225.

34 Moser, S. 467–475.

Literatur

C. Adlmaier, Blick in die Zukunft. (Chiemgau-Druck) Traunstein/Obb. [3]1961
R. P. M. A. Alonso, La vérité sur le secret de Fatima. (Téqui) Paris 1979
P. Andreas, Was morgen wahr sein kann. (Econ) Düsseldorf/Wien 1981
A. Angerer, Der dritte Weltkrieg und was danach kommt. (Kreuz) Wien 1972
P. N. Backmund, Hellseher schauen die Zukunft. (Morsak) Grafenau 1972
P. Bander, The Prophecies of St. Malachy und St. Columbkille. (Colin Smythe) Gerrards Cross 1969
C. Balducci, »Profezia e Realtà«. In: Osservatore della Domenica, Anno 45e, N.41 (3314), 15 Ottobre 1978, S. 20
A. Barbault, L'Astrologie Mondiale. (Arthème) Fayard 1979
J. D. Barker, »Premonition of the Aberfan Disaster«. In: Journal SPR 44, 1967, S. 169–181
C. Barthas, Fatima. Ein Wunder des zwanzigsten Jahrhunderts. (Herder) Freiburg i. Br. 1954
R. Baschera, Le Profezie. (Longanesi) Milano 1974
W. J. Bekh, Bayerische Hellseher. Vom Mühlhiasl bis zum Irlmaier. (Ludwig) Pfaffenhofen 1976
ders., Das dritte Weltgeschehen. (Ludwig) Pfaffenhofen 1980
P. Bernardus, Fatima – Wahrheit oder Täuschung? (Reinhardt) München o. J. (ca. 1952)
L. Bloy, Celle qui pleure. Notre Dame de La Salette. (Mercure de France) Paris 1945
O. Bohr, Rom-Moskau-Fatima. (Verlag Wort und Werk) Sankt Augustin 1977
J. Boyer (Hrsg.), Encore Fatima au jour le jour. Hebdomadaire. (Les Amis de Fatima La Salette). Saint-Geours-de Maremne. F 40230
J. C. Castelbranco, Le Prodige Inouï de Fatima. (Téqui) Paris 1972
N. A. Centurio, Nostradamus. Prophetische Weltgeschichte. (Turm) Bietigheim 1971
P. Cormier, Après le temps des prophètes. (Arcturus) Toulouse 1980
B. Cristoff, La grande catastrofe del 1983. (SIAD Edizioni) Milano 1980
M. Damien und C. Hirsch, La crainte de l'an 2000. (Seghers) Paris 1979
P. Ellerhorst, Prophezeiungen über das Schicksal Europas. (Schnell und Steiner) München 1950
L. Emrich, »Die Zukunft des Menschen«. In: Neues Europa, 1963, Nr. 20, S. 5
B. Espagnat, A la recherche du réel. (Supplément au bulletin »Encore Fatima« Nr. 110). (Gauthier-Villars) Paris 1979
L. Festinger, H. W. Riecken und S. Schachter, When Prophecy Fails (Harper-& Row) New York/Hagerstown/San Francisco/London 1964
J.-Ch. de Fontbrune, Nostradamus. Historien et Prophète. (Editions du Rocher) Monaco 1980
François, Wenn die Russen angreifen ... (Seewald) Stuttgart 1980
J. Giebel, Prophezeiungen im Spiegel wissenschaftlicher Fakten und Prognosen. (Ariston) Genf 1981
G. Giorgi, Il prossimo futuro. (Armenia Editore) Milano 1976

A. Hübscher, Die große Weissagung. (Heimeran) München 1952
M. Kahir, Nahe an zweitausend Jahre. (Turm) Bietigheim 1977
M. Maeterlinck, Les Débris de la Guerre. (Fasquelle) Paris 1918
Visconde de Montelo (Dr. Manuel Nunes Formigao), As grandes maravilhas de Fátima. Lissabon 1927
F. Moser, Das große Buch des Okkultismus. (Walter) Olten / Freiburg i. Br. Neudruck 1974 (1. Aufl. 1935, Reinhardt, München)
B. Philberth, Christliche Prophetie und Nuklearenergie. (Christiana) Stein / Rhein 1969
P. Prachar, Der Jüngste Tag. (Amalthea) Wien / München 1979
W. Quenzer, »Endzeitpropheten unter uns«. In: Materialdienst. Aus der Ev. Zentralstelle für Weltanschauungsfragen der EKD. 43 / 9, 1980, S. 236–243
K. Rahner, Visionen und Prophezeiungen. (Herder) Freiburg i. Br. 1958
D. Réju, Les Prophéties de Saint Malachie. (Ed. du Rocher) Monaco 1979
L. Rhine, »Precognition and Intervention«. In: Journal of Parapsychology XIX, 1955, S. 1–34
A. Schönhammer, PSI und der dritte Weltkrieg. (Rohm) Bietigheim 1978
F. X. Seppelt, »Die angebliche Papstweissagung des heiligen Malachias«. In: Süddeutsche Monatshefte, Heft 11, 1932, S. 750–754
J. Silver, Prophezeiungen bis zur Schwelle des 3. Jahrtausends. (Keller) Genf 1974
J. Stevenson, »Precognition of Disasters«. In: JASPR, 64, 1970, S. 187–210. Condensed in: ASPR Newsletter VII / 2, April 1981
J. White, Pole Shift. (Doubleday & Co. Inc.) New York 1980
W. Widler, Buch der Weissagung. (Manz) München 1955

Probleme der Sterbeforschung – Zum Thema »Thanatologie«*

Die Thanatologie (von griechisch: thanatos = Tod), die wissenschaftliche Beschäftigung mit dem Tod, auch »Sterbeforschung« genannt, hat seit über zehn Jahren in der gesamten westlichen Welt eine außerordentliche, sich immer steigernde Beachtung erfahren. Schon 1974 kam ein amerikanisches Verlegerblatt in der ihm eigenen realistischen Sprache zu der Feststellung, daß »der Tod jetzt Bücher verkaufen helfe«. Der Boom von Publikationen, die sich mit dem Tod und seinen Problemen befassen, hat sich lawinenartig weiterentwickelt. Ein Tabu, das mit dem Lebensende verbunden war, ist durchbrochen worden. Zunächst in Amerika, wo es weit stärker als in anderen Ländern geradezu ängstlich respektiert wurde – Arnold Toynbee hatte einmal den Tod als etwas »Unamerikanisches« bezeichnet –, dann aber auch in Europa. Ausgelöst wurde die thanatologische Welle durch ein Buch von der in Chicago tätigen, aus der Schweiz stammenden Psychiaterin Elisabeth Kübler-Ross »On Death and Dying« (1968, in deutscher Übersetzung: »Interviews mit Sterbenden«)[1]. Dann folgte, von Frau Kübler-Ross enthusiastisch eingeleitet, 1975 Raymond Moody »Life after Life«, eine Untersuchung über die Berichte wiederbelebter klinisch Toter, 1977 unter dem ungenauen deutschen Titel »Leben nach dem Tode«[2] in deutscher Übersetzung veröffentlicht. Zu dieser Gruppe der Sterbeforscher gehören Karlis Osis und Erlendur Haraldsson, die 1977 ein Buch »At the Hour of Death« publizierten, das ein Jahr später wiederum mit einem ungenauen Titel »Der Tod – ein neuer Anfang. Visionen und Erfahrungen an der Schwelle des Seins«[3] in deutscher Sprache erschien. Vorausgegangen war dieser um-

* Zuerst veröffentlicht in: Südwestfunk Baden-Baden, Sendung Literatur, 8. 9. 1981.

fangreichen Gemeinschaftsarbeit eine Veröffentlichung von Osis 1961 »Deathbed Observations by Physicians and Nurses«, »Beobachtungen von Ärzten und Pflegerinnen am Totenbett«, in der die Ergebnisse einer Umfrage in Amerika dargestellt wurden. Das eben erwähnte Buch erweiterte das Material und nahm als Vergleich zur Analyse kultureller Besonderheiten Erhebungen aus dem indischen Kulturkreis hinzu. Aus der Fülle der Publikationen möchte ich noch das Buch von Stanislav Grof und Joan Halifax hervorheben: »The Human Encounter With Death«, 1977 erschienen[4], in dem die Autoren die Brücke von Sterbeerlebnissen zu Drogenerfahrungen schlugen. Der Boom ging weiter: 1978 meldete sich ein bekannter Kardiologe, der Herzspezialist Maurice Rawlings mit seinem Buch »Beyond Death's Door« zu Wort, in dem er in die bisher überall als freundlich und friedvoll geschilderten Sterbeerlebnisse mit Höllenvisionen Reanimierter einbrach, die aber von anderen Thanatologen als selten bezeichnet wurden[5]. Deutsche Autoren setzten das schon in den sechziger Jahren erschienene Buch des Psychologen Julius Bahle: »Keine Angst vor dem Sterben«[6] fort, so 1975 der Theologe Johann Christoph Hampe mit einem Buch »Sterben ist doch ganz anders«[7], Erfahrungen mit dem eigenen Tod. Dann kamen systematische Wissenschaftler wie Dr. Kenneth Ring, Psychologieprofessor an der Universität von Connecticut, mit einer das thanatologische Primärmaterial analysierenden Untersuchung: »Life at Death. A Scientific Investigation of the near Death Experience« (Leben im Angesicht des Todes. Eine wissenschaftliche Untersuchung von Erlebnissen in Todesnähe – 1980)[8].

Nur ein kleiner Ausschnitt aus der Flut von Literatur konnte genannt werden, der aber wohl ausreicht, um die hier zu erörternde Frage vorzubereiten: Woher kommt diese plötzliche, sich im Symptom der zahlreichen Buchveröffentlichungen spiegelnde Durchbrechung des Tabus, das im profanen Bereich Sterben und Tod aus dem Bewußtsein der Menschen unserer Zeit auszuklammern bemüht war?

Daß Wissenschaftler, Ärzte, Kulturkritiker und Autoren der »schönen« Literatur Auseinandersetzungen mit dem Lebensende in einer geradezu überwältigenden Quantität anbieten, hat natürlich zu tun mit jener wachsenden Skepsis und – man kann schon sagen – Untergangsstimmung, mit der man sich angesichts ökonomischer und ökologischer Krisen die Grenzen und das Zerstörungspotential des industriellen Wachstums und der Rüstungseskalation antagonistischer Machtblöcke vor Augen hält. Hinzu kommen zahlreiche andere Folgen der zunehmenden Technisierung, so etwa die Zweifel an der Qualität jenes Sterbens in der Kälte und Einsamkeit der Intensivstationen, das sich vielen als Schreckbild der an Schläuchen und Drähten hängenden Marionette eingeprägt hat, wobei die segensreichen lebensrettenden Möglichkeiten der modernen technisierten Medizin darüber oft vergessen werden. Immerhin kann man sagen, daß sich immer mehr Ängste vor der Vernichtung grundlegender »Lebensqualitäten« durch den fortschreitenden Prozeß der Zivilisation zu entwickeln scheinen. Zu diesen Lebensqualitäten gehört auch – so paradox es klingen mag – das individuelle Sterben.

Kürzlich ist in deutscher Übersetzung ein Buch des französischen Kulturkritikers Philippe Ariès erschienen: »Geschichte des Todes«, in dem dieser Historiker den Gegensatz zwischen der traditionellen und der modernen Einstellung zum Tod untersucht[9].

Im Mittelalter und zum Teil noch weit in die Neuzeit hinein betrachtet man den Tod als ganz nahen und vertrauten Bestandteil des Alltagslebens; man erwartet ihn ruhig und fügt sich ins Unvermeidliche; das Sterben ist eine öffentliche Zeremonie, an der Eltern, Freunde oder Nachbarn teilhaben und selbstverständlich auch Kinder; der Sterbende ist nie allein, sondern Mittelpunkt einer großen Versammlung. Diese alte Einstellung zum Tod, die sich heute in allen Aspekten ins Gegenteil verkehrt, steht im schroffen Gegensatz zur unsrigen, für die er so angsteinflößend ist, daß wir ihn kaum beim Namen zu nennen wagen. Seit dem 18. Jahrhundert begann nach Ariès die Angst vor dem Tod geradezu panikartig zu werden. Eine sublime Verdrängung begann. Man versuchte den Tod schön erscheinen zu lassen, ihn unter einer ästhetischen Maske zu verbergen, ihn gewissermaßen hinter die Kulissen des gesellschaftlichen Lebens zu verlagern. Das Stichwort »Tod in Hollywood« kennzeichnet die groteske Übersteigerung dieses ästhetisierenden Verdrängungskomplexes: Man schminkt die Toten, so daß sie aussehen, als seien sie in blühender Jugend erstarrt, und leitet ihnen Radiomusik in die Särge. Solche hoffnungslosen Versuche der gesellschaftlichen Ordnung, die als peinlich empfundene Destruktion der Natur von sich abzuwehren, wurden durch die plötzliche Enttabuierung des verdrängten Todes unterbrochen. Diese Enttabuierung, die thanatologische Welle, steht im Zusammenhang mit einer Bewegung, die ebenfalls Ende der sechziger Jahre sich in der westlichen Welt zunehmend bemerkbar machte: eine fortschreitende Hinwendung zum Irrationalen, für die sich das Schlagwort »okkulte Welle« eingebürgert hat[10]. Symptome dieser »okkulten Welle« sind wiederum ein außerordentliches Angebot an Literatur, die von mehr oder weniger kompetenten Sachbüchern über Parapsychologie, die Wissenschaft von den »okkulten« Erscheinungen, zu Bestsellern wie Arthur Fords »Bericht vom Leben nach dem Tode« reicht. Dazu gehören Themen der Reinkarnation, der Wiederverkörperung, oder der Praxis der Rückführung in frühere Leben durch Hypnose und auch die Däniken-Welt der Transplanetarier, die, in Frühzeiten aus galaktischen Systemen kommend, unsere Erde besucht haben. Dazu gehört auch der Ufonen-Glaube, Symptom der sich ausbreitenden Endzeitstimmung, die Überzeugung, daß Wesen ferner Welten, uns technisch und moralisch überlegen, unsere Erde in Raumschiffen umkreisen, um einzugreifen, wenn durch die Unvernunft der Menschen die Atomkatastrophe bevorsteht. Die Heilsprojektionen auf solche »säkularisierten Engel« sind ein Ausdruck der Beunruhigung der Menschen in unserer von Katastrophen bedrohten technologischen Welt. In der Angst werden phantastische Mächte angenommen, von denen man Hilfe erwartet. Dies ist der negative Aspekt der »okkulten Welle«. Der positive hat unmittelbar mit unserem Thema »Thanatologie« zu tun: In der »okkulten Welle« kommt als positiver Aspekt ein Bedürfnis nach Bewußtseinserweiterung, nach neuen Dimensionen des Lebens zum Ausdruck. Dies macht sich vor allem – aber nicht nur – bei jungen Menschen bemerkbar. Enttäuscht vom technologischen Fortschrittsglauben, unbefriedigt von den Angeboten der Konsumgesellschaft einerseits, aber auch von den sie vielfach nicht erreichenden Lehren der Kirche andererseits, wenden sich die Suchenden dem Außergewöhnlichen zu, wobei auch die Parapsychologie in ihr Blickfeld rückt. Hinter diesem Bedürfnis nach Bewußtseinserweiterung steht offenbar die Frage nach dem Sinn der individuellen Existenz, die notwendig das Menschheitsproblem ihrer physischen Begrenzung durch den Tod einschließt. Das sind die Probleme, auf die die Religionen eine Antwort bieten und die nun auch im Hinblick auf das wissenschaftliche Erkennen gestellt werden. Fragen nach Wesen und Reichweite von Geist und Psyche, ihrem Verhältnis zur Materie, drängen sich hier auf. Probleme von Freiheit und Bestimmung, Zufall und Determination verlangen eine Lösung; Sterben, Tod und das Problem des Fortlebens in einem Jenseits beschäftigen die vielen, die nicht mehr an Versprechungen eines irdischen Paradieses, einer staaten- und klassenlosen Gesellschaft der Zukunft glauben können. Eine neue, fragende Beziehung zur Transzendenz wird immer deutlicher, der programmatische Atheismus hat seine Attraktion verloren, die Versprechungen eines Paradieses auf Erden in einer staaten- und klassenlosen Gesellschaft der Zukunft erscheinen mehr und mehr illusorisch.

In diesem Klima einer erneuten Frage nach dem Sinn der individuellen Existenz erfolgt auch die Hinwendung zum Todesproblem, mit dem sich heute auch junge Menschen beschäftigen.

Auftakt in der Öffentlichkeit war – ich sagte es schon – das Buch von Elisabeth Kübler-Ross über Tod und Sterben. In diesem Buch veröffentlicht die Autorin Interviews mit Sterbenden, die zeigen, daß die Kranken kurz vor dem Tode sehr bestimmte Bedürfnisse haben, die sich erfüllen lassen, wenn man sich die Zeit nimmt, auf sie zu hören und sie herauszufinden. Nicht der Tod, das ist der Tenor des Buches, sondern das Sterben ist für den Kranken so schwer, weil es von Hoffnungslosigkeit, Hilflosigkeit und Einsamkeit umgeben ist. Aus den Gesprächen mit Sterbenden wird in einer ergreifenden Weise deutlich, von welcher entscheidenden Bedeutung für den Sterbenden und für die Beziehung der Lebenden zum Ereignis des Todes die mitmenschliche Teilnahme ist, die Sterbehilfe, die offensichtlich Frau Kübler-Ross aus einem gütigen und teilnehmenden Herzen zu geben vermag. Wie ein Mensch sein Sterben erlebt, ist der teilnehmenden Beobachtung so lange zugänglich, wie sich der

Sterbende, wenn auch immer fragmentarischer, noch äußern kann. Liegt er im Koma oder in der tiefen Bewußtlosigkeit einer Ohnmacht, scheint jede Kommunikation mit der Welt um ihn herum aufzuhören. Ärzte, die wie Frau Kübler-Ross in Empathie, in einer innigen Verbundenheit mit dem Sterbenden stehen, wissen, daß das nicht der Fall ist. Die meisten, die mit Sterbenden zu tun haben, Angehörige eingeschlossen, wissen es nicht. Der Sterbende wird gewissermaßen »abgeschrieben« aus seiner personalen Bezogenheit, er wird lediglich zum Objekt letzter notwendiger Maßnahmen. Wie falsch, unverantwortlich und unmenschlich eine solche Einstellung ist, zeigt ein Teilaspekt der Sterbeforschung, der vor allem durch das Buch von Moody bekanntgeworden ist, das uns im folgenden näher beschäftigen wird. Immer mehr Menschen sind von den Medizinern aus dem »klinischen Tod« zurückgeholt worden ins Leben und haben den Ärzten und Psychologen zu Protokoll gegeben, was sie im Grenzbereich des Todes empfanden. Nicht alle hatten Erinnerungen. Es gibt jedoch eine erhebliche Zahl von Personen mit Grenzerfahrungen, deren Berichte auffallende Ähnlichkeiten zeigen. Auch Frau Kübler-Ross hat vornehmlich in der psychiatrischen Abteilung der University of Chicago eine große Zahl solcher reanimierter, wiederbelebter Patienten untersucht und wurde durch diese Sondererfahrung mit Sterbenden tief beeindruckt und in ihrer Auffassung bestärkt, daß der Tod nicht die endgültige Destruktion bedeutet, sondern daß vieles auf ein mögliches Weiterleben nach dem Tode hinweist.

Von ihrer ersten Erfahrung mit einer wiederbelebten Patientin berichtet Frau Kübler-Ross in einem eiligen Nachwort zu einem Vortrag, den sie 1977 bei einer Tagung in Graz hielt. Sie erzählt, was die Patientin ihr von ihren Erlebnissen im klinischen Tod mitteilte. Hören sie eine Stelle aus dem Tonbandmitschnitt:

»... In der Abwesenheit von Spitalpersonal hat diese Frau dann erlebt, was Sie alle erleben werden im Moment Ihres Todes: Sie ist einfach aus ihrem Körper entwichen, und zwei, drei Meter über ihrem Körper hat sie geschwebt, hat ihren Körper betrachtet, war ganz erstaunt – das war eine Hausfrau aus Indiana, die hat keine Bücher gelesen über diese Dinge –, hat dann mit großem Erstaunen gesehen, wie das ganze Reanimierungsteam ins

Zimmer hereinkommt und an ihrem Körper arbeitet wie verzweifelt. Während dieser ganzen Angelegenheit, die nur 45 Minuten dauerte, hatte sie einen einzigen Wunsch, ihnen zu sagen: Relax, take it easy – Hört doch schon auf, es geht mir ja gut. Ich habe diesen wunderbaren Frieden, und laßt mich doch bitte in Ruhe! Und dann hat sie langsam gemerkt, daß sie alles sehen und hören kann, aber daß wir sie nicht sehen können. Und dann hat sie aufgegeben. Das ist ihre eigene Sprache: Then I gave up on them and lost consciousness. – Dann habe ich aufgegeben mit diesen Leuten und habe mein Bewußtsein verloren. – Verstehen Sie, das war 45 Minuten, nachdem sie überhaupt kein Lebenszeichen mehr hatte. Das Erstaunliche war – und wir haben das verifiziert –, wer zuerst ins Zimmer kam, wer zuletzt kam, hatte einen Witz erzählt, wiederholt, von einem der jungen Ärzte, der ängstlich wurde, und dann hat er angefangen, Witze zu machen, aus Angst natürlich. Sie hat gesagt, was für eine Farbe Pullover und Krawatten hatten, die die Leute trugen, und das zu einer Zeit, wo sie überhaupt von Blutdruck nichts mehr hatte. Wir waren beeindruckt davon und haben uns gefragt, wenn ein Mensch so was erleben kann und uns sagen kann, was die Leute tragen an Kleidern und was sie für eine Sprache brauchen – während sie kein Lebenszeichen haben – da muß es doch noch mehr solche Fälle geben. Unsere Hoffnung war, daß wir vielleicht zwanzig Fälle finden, die ein bißchen Licht werfen; wir haben über tausend sehr klassische gute Fälle, alle verifiziert.«

Die Patientin, von der Frau Kübler-Ross berichtet, scheint klinisch tot gewesen zu sein. Wir müssen uns nun die Frage stellen, was versteht man unter »klinischem Tod«? Einer der Fachleute der Wiederbelebung, der Reanimation, der russische Physiologe Wladimir A. Negowski, Mitglied der Moskauer Akademie der Wissenschaften, sieht die wissenschaftlichen Grundlagen aller Versuche, einen vermeidbaren Tod zu bekämpfen, das heißt zu reanimieren, in folgendem Sachverhalt: Die Funktionen der Organe und Systeme des Organismus werden beim Sterben in einer bestimmten Reihenfolge ausgeschaltet, und es entwikkeln sich in ihnen allmählich Veränderungen, die mit dem Leben nicht mehr vereinbar sind. Er schreibt: »Das Sterben des Organismus ist durch einen allmählichen Zerfall der Ganzheit und der

Wechselbeziehungen der einzelnen Organe und Systeme untereinander und mit dem äußeren Milieu gekennzeichnet.« Die Funktionen erlöschen in einer bestimmten Reihenfolge: Zuerst stellen die stammesgeschichtlich jüngeren Formationen ihre Tätigkeit ein, sodann folgen die älteren. Dem eigentlichen biologischen Tod, dem Zelltod, geht ein Zustand voraus, der schon nicht mehr als Leben, aber noch nicht als Tod zu bezeichnen ist: der klinische Tod. In diesem Zustand fallen stets Herzfunktion und Atmung aus, außerdem reagiert der Körper auf äußere Reize nicht mehr mit Reflexen; einige Stoffwechselvorgänge bleiben, wenn auch auf einem niedrigen Niveau, erhalten, wodurch eine minimale Tätigkeit der Hirnzellen ermöglicht wird. Normalerweise geht der auch als »relativer Tod« bezeichnete klinische Tod in etwa 4 bis 6 Minuten in den endgültigen Zelltod über.

Eine neue und erstaunliche Entdeckung der Sterbeforschung ist, daß klinisch tote Patienten in zahlreichen, sorgsam untersuchten Fällen trotz der Reduktion der Lebensvorgänge auf ein Minimum wahrnehmen können, was um sie geschieht, und zwar anscheinend von einer Position außerhalb ihres physischen Körpers. Man spricht von »außerkörperlicher Erfahrung«, englisch: »out-of-the-body-experience«. Wie sich zeigen wird, ist dieses Phänomen nicht an den klinischen Tod gebunden, sondern wird auch in Situationen beobachtet, die nichts mit der Gefahr des Todes zu tun haben.

In seinem Buch »Life after Life«, das irreführend als »Leben nach dem Tod« übersetzt wurde, faßt der Psychiater Moody seine anekdotischen Beobachtungen an 150 wiederbelebten klinisch Toten idealtypisch, das heißt verschiedene getrennt auftretende Aspekte zu einem Bild verallgemeinernd, mit den Stichworten zusammen: »Ein Mensch liegt im Sterben; während seine körperliche Bedrängnis sich ihrem Höhepunkt nähert, hört er, wie der Arzt ihn für tot erklärt. Mit einem Mal nimmt er ein Geräusch wahr – Läuten oder Brummen – und hat sogleich das Gefühl, daß er sich durch einen langen dunklen Tunnel bewegt. Danach befindet er sich plötzlich außerhalb seines Körpers, jedoch in derselben Umgebung wie zuvor; als ob er ein Beobachter wäre, blickt er nun aus einiger Entfernung auf seinen eigenen Körper. Dann begegnet er den Geistwesen bereits verstorbener

Verwandter und Freunde. Vor ihm erscheint ein Liebe und Wärme ausstrahlendes Wesen, ein Lichtwesen, das – ohne Worte zu gebrauchen – eine Frage an ihn richtet, die ihn dazu bewegen soll, sein Leben als Ganzes zu bewerten ...« Der Sterbende sieht dann ein Panorama mit den wichtigsten Stationen seines Lebens in blitzschneller Rückschau und hat ein überwältigendes Gefühl der Freude, der Liebe und des Friedens, weiß dann, daß er zurückkehren muß, und vereinigt sich – ohne zu wissen wie – wieder mit seinem physischen Körper.

Die von Frau Kübler-Ross und Moody dargestellten anekdotischen Berichte wurden an neuem Material in nachfolgenden Untersuchungen einer vergleichenden Analyse unterzogen, wobei man auch versuchte, statistische Werte zu gewinnen. So hat, wie schon gesagt, der Psychologe Kenneth Ring, der Präsident der Gesellschaft für die wissenschaftliche Untersuchung von Phänomenen in Todesnähe, 106 Fälle von Berichten Reanimierter analysiert. Grundlage der vergleichenden Untersuchung waren die Erlebnisse in Todesnähe. Die Kernerfahrung wurde – Moody folgend – in fünf Stufen eingeteilt:

1. Gefühl eines oft als unsagbar bezeichneten Friedens;
2. die Empfindung, vom physischen Körper getrennt zu sein;
3. Eintritt in eine Dunkelheit oder einen Tunnel;
4. Begegnung mit einem strahlenden und außerordentlich schönen Licht und
5. Aufgenommenwerden von diesem Licht.

Nahezu die Hälfte wiederbelebter klinisch Toter berichteten Erfahrungen, die augenscheinlich ganz oder teilweise Kernerlebnissen glichen, wie sie Moody geschildert hat.

Die einzelnen Stadien der Kernerlebnisse entfalten sich in einer charakteristischen Weise: Im allgemeinen werden die frühen Phasen häufiger angetroffen, während sich in bezug auf die späteren eine systematische Abnahme feststellen läßt. In 60 Prozent der Fälle fand sich das Friedensgefühl, in 37 Prozent die Trennung vom Körper, in 23 Prozent die Passage durch Dunkelheit oder einen Tunnel, in 16 Prozent die Lichtbegegnung und in 10 Prozent das Aufgenommenwerden durch das Licht. Das nicht in diese Stufenfolge aufgenommene Erlebnis der Lebensrückschau fand sich bei zwölf Berichterstattern, also einem

Fünftel der sechzig Todesnähe erlebenden Personen. Nahezu ein Drittel hatte das Gefühl der Gegenwart eines »Wesens«, und ein Siebtel (acht Fälle) berichtete von Begegnungen mit früher Verstorbenen, mit denen sie gefühlsmäßig verbunden waren. Aus dieser Verteilung wird ersichtlich, ich sage es noch einmal, daß das Modell von Moody ein verallgemeinertes ist, das selten vollständig angetroffen wird.

Charakteristisch für diese Erlebnisse in Todesnähe sind ihre Nachwirkungen. Immer wieder betonen die Menschen, die die Grenze beinahe überschritten haben, daß sie keine Angst mehr vor dem Tod haben. »Glauben Sie mir«, sagt eine von Kenneth Ring interviewte Frau, »es ist ein so friedvolles Gefühl. Deswegen sage ich auch jedermann, daß ich keinerlei Furcht mehr habe vor dem Tod. Ich habe es ja erlebt, wie es ist.« Eine andere: »Ich hatte eine richtige Todesangst, vor allem als Kind. Jetzt finde ich es eine sehr schöne Erfahrung, das Erlebnis des Friedens, der Ruhe. Ich glaube jetzt, daß der Tod ein notwendiger Teil des Lebens ist. Diese Einsicht habe ich diesem Erlebnis zu verdanken.« Unabhängig von früheren religiösen Anschauungen vermittelt vielen Reanimierten die Todesnähe auch die feste Überzeugung, daß es ein Leben nach dem Tode gibt. Sie waren an der Pforte, betonen sie, sie wissen jetzt, was sie früher nur geglaubt haben, oder erfahren jetzt als Wirklichkeit, was sie früher als eine Illusion ansahen. Hören Sie dazu ein Beispiel, das mir spontan eine Münchnerin mitteilte:

»1974 starb ich beinahe an einer zu schnell gespritzten Calciumspritze in einer Klinik zwei Tage nach einer Operation; alles ging sehr schnell. Mein Angstgefühl war horrend, aber ich konnte nichts machen. Ich bewegte mich sehr schnell durch eine enge Röhre hinaus durch meinen Kopf; dann war ich frei und fühlte mich göttlich. Ich flog durch Farben in eine immense Helligkeit hinein; es war wie transparentes Gold. Ich flog noch durch diese göttliche Helligkeit, und plötzlich schwebte vor mir ein längliches Dreieck (zimmergroß), dahinter halb verborgen dasselbe Dreieck, in der oberen Hälfte des Dreiecks waren große runde Augen, die mich streng, aber auch gütig anblickten. Es war sehr viel Leben in diesen Augen. Ich wurde sehr reuig und schien zu schrumpfen. Ich war eine Sünderin und nicht religiös. Mein Leben lief wie ein Film ab. Dann hörte ich eine göttliche Stimme, die etwas zu mir sagte; leider habe ich es vergessen. Ich spürte dann, daß ich wieder zurück muß in meinen Körper; ich wollte nicht; ich wollte in dieser Herrlichkeit bleiben; aber sie haben mich wiederbelebt.

Seitdem bin ich ein ganz anderer Mensch, ich bete, ich habe ein totales Gottbewußtsein; und ich fühle mich beschützt, gesünder, mit Helligkeit durchflutet. Oft strömt in mich eine Kraft ein, die mich sehr glücklich macht. Ja, ich weiß, es gibt Gott, er existiert, und die Dinge nehmen einen positiven Lauf. Außerdem habe ich keine Angst mehr vor dem Sterben. Ich wollte, daß alle Menschen zu Gott zurückfinden könnten und ihr Leben dementsprechend gestalten. Es gibt ein Leben nach dem Tode.«

Verglichen mit dem idealtypischen Modell von Moody, findet sich hier die Stufe eins: »Friede, Ruhe, Herrlichkeit«, dann eine unvollständige außerkörperliche Erfahrung (Stufe zwei). Die dritte Stufe – Passage durch die Dunkelheit durch einen Tunnel – ist nur angedeutet: »Ich bewegte mich sehr schnell durch eine enge Röhre«, während die Stufen vier und fünf – Angezogenwerden durch eine Helligkeit und das Eintauchen in sie – stark ausgeprägt sind. Anstelle der Begegnung mit einem Wesen, das zur Besinnung auffordert, steht hier ein esoterisches Symbol: ein Dreieck mit einem Auge, das Erlebnis kulminiert in dem moralisch beurteilten panoramatischen Erlebnis: im Lebensfilm, der ihr vor Augen hält, was nicht richtig war. Sehr stark ausgeprägt ist die Nachwirkung. Sie hat ein geradezu missionarisches Bedürfnis, ihr Erfülltsein von einem neuen Gottesbewußtsein zu verkünden.

Als mich die Beschäftigung mit den Sterbeerfahrungen immer mehr fesselte, fragte ich mich, ob diese Muster der Erlebnisse in Todesnähe sich auch schon bei Kindern zeigen, fand aber zunächst keine Hinweise in der Literatur. Wie es so oft im Umgang mit einem stark affektiv besetzten Problem geschieht: Es kam zu einer »Anziehungskraft des Bezüglichen« (W. von Scholz): Marian, ein Medizinstudent, meldete sich bei mir in einer Studienangelegenheit und berichtete – fast beiläufig –, er habe als Achtjähriger ein sehr merkwürdiges Erlebnis gehabt.

Es war die Antwort auf meine Suche nach Information über Erlebnisse in Todesnähe bei Kindern. Hier seine Worte:

»Ich war baden gegangen, es war ein See, wo ich nicht hingehen durfte. Ich war allein. Ich bin dann ausgerutscht, habe den Boden verloren und merkte, ich gehe unter. Dann fühlte ich, daß mein Körper nach unten absinkt und zugleich, daß ich mich darüber erhebe. Ich sah meinen Körper, der da im Wasser liegt und hinuntersinkt. Ich befand mich über der Wasseroberfläche und beobachtete das von außen. Dann hatte ich Visionen – ich kann mich an die Reihenfolge nicht mehr so genau erinnern –, die mir – ich glaube in chronologischer Reihenfolge in Richtung Geburt zur Gegenwart – Episoden aus meinem Leben zeigten. Dann kamen Begegnungen mit Leuten, die bereits gestorben waren, wobei ich mich aber nicht mehr genau erinnern kann, wer es war. Ich glaube irgendwelche älteren Tanten, meine Urgroßmutter und dann auf jeden Fall auch Begegnungen mit Leuten, die ich nicht kannte. Als ich darüberschwebte, hatte ich furchtbare Angst, daß ich tatsächlich ertrinke. Ich hätte mir sehr gerne selber geholfen, konnte es aber nicht – ich schwebte ja darüber und sah mich untergehen. So ungefähr habe ich die Situation erlebt. Das hat dann plötzlich geendet, jemand zog mich heraus.

Ich bin dann zu mir gekommen, noch im Wasser. Ich stand zwischen zwei Leuten, die mich festhielten und versuchten, mich hochzuziehen.«

Ein Erlebnis in Todesnähe, aber offenbar kein klinischer Tod, bei dem bemerkenswert ist, daß hier beim Kind offenbar dieselben, vermutlich archaischen, Muster aktiviert werden, die wir auch bei älteren Menschen finden: die Nach-außen-Verlagerung des Bewußtseins, die außerkörperliche Erfahrung, die Lebensrückschau und die Begegnung mit schon Verstorbenen. Statt des geradezu klassischen Fühlens des Friedens und des Wohlbefindens treffen wir hier auf die Angst, offenbar Symptom eines kritischen Bewußtseins, das angesichts der Todesnähe nicht kapituliert, sondern auf Rettung gerichtet ist.

Zu den wissenschaftlichen Problemen der Sterbeforschung gehört immer noch in erster Linie eine Fortsetzung und Ausdehnung der Materialsammlung. Wir brauchen mehr gründlich untersuchte Berichte, um etwa feststellen zu können, ob Sterbeerlebnisse sich, wenn sie in Verbindung mit verschiedenartigen lebensbedrohenden Situationen eintreten, wie etwa Krankheit, Unfall oder versuchter Freitod, typisch von den Sterbeerlebnissen Reanimierter unterscheiden. Einer der markantesten Züge des Erlebens im Grenzbereich des Todes ist das Gefühl des Friedens und der Harmonie. »Ganz ruhig, in einem himmlischen Zustand«, überschrieb der Spiegel 1977 eine Titelgeschichte über Erlebnisse und Erfahrungen im Grenzbereich des Todes.

Ein einziger Thanatologe berichtet anderes: der Herzchirurg Maurice Rawlings, Mitglied des American College of Cardiology. Er veröffentlichte 1978 ein Buch »Beyond Death's Door« (Jenseits der Schwelle des Todes), in dem er über die Erlebnisse von ungefähr 100 Patienten berichtet, die er bei einem Herzstillstand operiert hatte. In wichtigen Punkten ähneln die Berichte seiner Patienten dem Moody-Modell: Tunnel-Erlebnis, Bewußtsein, außerhalb des Körpers zu sein, aber die alle Thanatologen erstaunende Abweichung ist, daß etwa die Hälfte der Patienten Rawlings von schrecklichen Visionen berichtete, von »Höllenvisionen«, wie Rawlings sagt. Eine Patientin: »Ich erlebte, wie ich meinen Körper verließ. Das nächste, an das ich mich erinnere, ist, daß ich in einen düsteren Raum kam, in dem ich an einem der Fenster einen gewaltigen Riesen mit einem grotesken Gesicht sah, der mich beobachtete. Er forderte mich auf, zu ihm zu kommen. Ich wollte nicht, aber ich mußte. Drumherum war Dunkelheit, und ich konnte überall klagende Laute hören. Ich bewegte mich durch einen Tunnel oder eine Hölle, und es wurde immer entsetzlicher. Ich erinnere mich, daß ich schrie. Aus irgendeinem Grunde hat der Riese mich wieder freigelassen und mich zurückgeschickt.« Andere Patienten berichten von dunklen, trüben Szenen, wo sie schaurige Wesen treffen, die im Schatten lauern. Sie deuten Greuelszenen an, die kaum zu beschreiben seien. Wieder andere berichten von brennenden turbulenten wogenden Massen, von feurigen Seen und erleben solche Szenen als Gefängnis, aus dem niemand entfliehen kann, außer durch die göttliche Gnade. In manchen der beklemmenden Visionen erscheint zum Schluß eine Gestalt, die als Jesus erkannt wird, und führt die Geängstigten heraus. Dann finden sie sich in ihrem Körper wieder. Das Thema »Hölle« scheint Rawlings sehr zu beschäftigen. In einem Interview sagte er: »Ich bin überzeugt, daß es eine Hölle gibt und daß wir uns so verhalten müßten, daß wir vermeiden, dorthin geschickt zu werden.« Dr. Rawlings Darstellung ist mit Bibelstellen durchsetzt. Er teilt seine Patienten in Gläubige und Atheisten ein. Diese, schreibt er, berichten auch von der Begegnung mit einem liebenden oder wartenden Lichtwesen in schöner Umgebung und sehen darin einen Beweis – ich zitiere Rawlings –, »daß es keine Hölle gibt, daß Gott, wenn er existiert, jeden liebt und daher niemand bestrafen wird«. Offenbar kreisen die Gedanken Rawlings um Erlösung und Höllenstrafen. Angesichts der Tatsache, daß von allen Thanatologen nur er allein von einer so großen Zahl von Höllenvisionen berichtet, drängt sich der Verdacht auf, daß hier eine unbewußte Beeinflussung der Patienten vorlag. Rawlings meint, daß er im Gegensatz zu anderen Thanatologen die Berichte erhielt, gleich nachdem die Lebensgefahr medizinisch behoben war, während andere Sterbeforscher die Berichte meist viel später erhalten. Dann könnte das Erschreckende verdrängt worden sein. Ich sprach mit dem deutschen Thanatologen Dr. Paul Becker, Chefarzt am Vincenz-Krankenhaus in Limburg, über die abweichenden Erfahrungen von Dr. Rawlings. Er verfügt ebenfalls über Berichte von Patienten unmittelbar nach der Behebung einer lebensbedrohenden Gefahr und konnte keine ausgesprochenen Höllenvisionen feststellen – hin und wieder einmal Bedrängnis, die aber dann gleich verwandelt wurde ins Friedlich-Lichtvolle.

Die meisten Personen, die Todesnähe erlebt haben, berichten, daß sie auf schon verstorbene Angehörige treffen. Sie gehen einem Licht entgegen und treffen dann auf eine Schranke, über die hinaus sie nicht mehr gehen dürfen. Gewöhnlich werden sie an diesem Punkt zurückgewiesen und finden sich dann wieder in ihrem Körper und spüren irgendeine Behandlung, die ihnen gerade zuteil wird.

Der dominante Zug der Sterbeerlebnisse, die Erfahrung, außerhalb des Körpers zu sein, ist nicht auf Erfahrungen in Todesnähe beschränkt, sondern tritt auch in anderen, nicht lebensbedrohenden Situationen auf. Von solchen außerkörperlichen Erfahrungen möchte ich nun berichten, auch im Hinblick auf einen späteren Vergleich.

Ein Fall aus dem Material der englischen Parapsychologin Celia Green[11]:

Eine junge Frau berichtet: »Ich saß auf einem Stuhl am Fenster. Im Zimmer befanden sich meine Mutter, mein Vater und eine Mieterin, die damals in unserem Hause wohnte. Während ich in einem Buch las, hatte ich plötzlich ein merkwürdiges Gefühl des Fließens (a floating feeling), fand mich auf einmal wieder, wie ich auf das Zimmer herunterschaute und dort jeden sitzen sah, einschließlich meiner selbst.«

Solche Berichte gibt es in großer Zahl. Ein charakteristischer Zug ist, daß die meisten Menschen, die diese eigentümlichen Erfahrungen machen, ihre Position außerhalb ihres physischen Organismus sehr genau angeben können, wie etwa in folgendem Beispiel: »Plötzlich befand ich mich körperlos in der Luft hinter meinem physischen Körper, der Maschine schrieb, und zwar ungefähr zweieinhalb Meter dahinter, einen halben Meter nach links und ungefähr anderthalb Meter hoch.« Bei Erlebnissen in Räumen wird vielfach die Position als in der Höhe der Zimmerdecke beschrieben. In 92 Prozent des Fallmaterials von Celia Green wird angegeben, daß das außerkörperliche Bewußtsein Gesichtseindrücke hatte, in 56 Prozent Gehörseindrücke. Wenn die Berichterstatter versuchten, einen taktilen Kontakt mit ihrer außerkörperlich wahrgenommenen Umgebung herzustellen, brach gewöhnlich die exosomatische, die außerkörperliche Erfahrung zusammen. Das Tastgefühl ist ja der unbestechlichste Vermittler der materiellen Realität. Wenn man feststellen will, ob ein Gesichtseindruck durch ein real vorhandenes Objekt hervorgerufen wurde oder eine Sinnestäuschung ist, versucht man durch Tasten, sich von der Wirklichkeit zu überzeugen. Ein Berichterstatter versuchte im außerkörperlichen Zustand, das Licht in seinem Schlafzimmer anzumachen. Er sagt: »Ich wollte den Lichtschalter herunterdrücken, aber meine Finger gingen durch den Schalter durch. Ich versuchte es mehrmals, ich dachte darüber nach und wollte einen Test machen und legte verschiedene Male meine flache Hand auf den elektrischen Schalter, aber sie ging hindurch.«

Auffallend sind Beobachtungen, die öfters ausdrücklich betont werden, daß die Person des Berichterstatters – von außen betrachtet – anders aussieht als im gewohnten Spiegelbild. Aus einem Bericht: »Ich fühlte, daß ich an die Decke gezogen wurde, und beobachtete meinen eigenen Körper, der sich drunten bewegte. Ich erinnere mich gut daran, daß ich dabei dachte: Sehe ich denn wirklich, von außen betrachtet, so aus? Der Eindruck war ganz verschieden von dem, den man bekommt, wenn man in einen Spiegel schaut. Ich war völlig ruhig und unbesorgt und dachte: So sehe ich also aus.« Die intellektuellen Vorgänge im außerkörperlichen Zustand werden durchgehend als ungetrübt geschildert, manchmal wird eine besondere Klarheit des intelligenten Beobachtens und Reflektierens hervorgehoben. Meist scheint die außerkörperliche Erfahrung mit einem Gefühl der Freude verbunden, oder auch mit dem Eindruck einer Überlegenheit. Auch Angstgefühle werden berichtet, meist dann, wenn die Exkurrierenden sich darüber Gedanken machen, wie sie wieder in ihren physischen Körper zurückkehren können. Bei der außerkörperlichen Erfahrung besteht in weniger als einem Drittel der Einzelfälle die Empfindung, mit dem verlassenen physischen Körper verbunden zu sein. Die klassische »Silberschnur«, die vor allem in östlichen Berichten über die Seelenexkursionen als Verbindungsglied erwähnt wird, wurde in der Untersuchung, die hier als Modell dient, nur von 3,5 Prozent der Berichterstatter als sichtbare Verbindung geschildert. Meist kommen sich die Erlebenden als zeitweise völlig entkörperte Wesen vor. Dieser sogenannte asomatische Typ der außerkörperlichen Erfahrung überwiegt bei weitem den sogenannten parasomatischen, bei dem der Erlebende den Eindruck hat, einen anderen Körper zu haben, der mit ihm in ungefähr derselben Weise verbunden ist wie sein physischer Körper im normalen Leben.

In der esoterischen Tradition wird dann von einem »feinstofflichen Organismus« gesprochen oder einem »Astralleib«. Dieser Begriff erklärt sich aus der Vorstellung, daß dieser sogenannte Astralleib ein Bindeglied zwischen dem niederen, dem Irdischen zugeordneten Leib und einem höheren, mit den Sternen korrespondierenden Bereich sein soll. Paracelsus spricht von einem »siderischen Leib«, einem feinstofflichen Doppel des Menschen, das den Tod überleben kann. Er ist gewöhnlich unsichtbar und untastbar, aber Träger des seelischen Vermögens und Grundlage dessen, was wir heute als psychische Energie bezeichnen.

Der siderische Leib, so heißt es in der »Philosophia Sagax«, bedarf keiner Türe, keines Loches, sondern er geht durch Mauern und Wand und zerbricht nichts; es ist ein subtiles Fleisch, das nicht zu fassen ist, denn es ist nicht aus Erde gemacht.

Es ist anzunehmen, daß Paracelsus bei dieser Charakterisierung des »siderischen Leibes« Erscheinungen im Blick hatte, die in gar nicht so seltenen Fällen mit der außerkörperlichen Erfahrung verbunden sind, nämlich paranormale, hellseherische des anscheinend nach außen verlagerten Bewußtseins. Ein Student berichtete mir kürzlich folgendes: Nach der Teilnahme an einem Hypnosekurs habe er sich in Autohypnose geübt. Wie im autogenen Training wollte er einen Zustand völliger Entspannung herbeiführen, mit dem Wunsch, dann etwas Besonderes zu erleben.

Seine Erwartung erfüllte sich: Offenbar in einer Art Trancezustand hatte er plötzlich das Gefühl, seinen Körper zu verlassen. Er fand sich bewußt und aufmerksam beobachtend im Zimmer seines weit entfernt wohnenden Freundes wieder, und zwar so, als ob er von einer Ecke der Zimmerdecke wahrnehmen konnte, was unter ihm geschah. Er sah einen gedeckten Kaffeetisch mit Besuchern, die er beschreiben konnte. Dann bemerkte er, wie sein Freund eine Platte auflegte, und er hörte Musik. Dann war er wieder bei sich auf der Couch, rief seinen Freund an und erfuhr, daß seine Eindrücke zutreffend waren. Hier hat sich eine außersinnliche Wahrnehmung, eine außerhalb der uns bekannten Sinnesorgane erhaltene Information in der Erlebnisform einer außerkörperlichen Erfahrung vollzogen. Solche Vorgänge gehören zum Forschungsbereich der Parapsychologie, die durch die Untersuchung von Erlebnissen dieser und anderer Art und durch experimentelle Forschungen nachgewiesen hat – was immer noch von Gegnern bestritten wird –, daß es eine Wahrnehmung außerhalb der uns bekannten Sinnesorgane gibt, die noch nicht erklärbar ist. Man unterscheidet direkten psychischen Kontakt, Telepathie genannt – die außersinnliche Wahrnehmung fremdseelischer Vorgänge –, weiter Hellsehen – die außersinnliche Wahrnehmung objektiver Vorgänge, von denen niemand

Kenntnis hat –, und Prophetie oder Präkognition, das Vorauswissen zukünftiger Ereignisse, die nicht rational erschlossen werden können. Als Kenntwort für diesen Bereich des Paranormalen spricht man heute oft von »Psi«, das ein Buchstabe des griechischen Alphabets ist und dessen Verwendung für diesen Grenzbereich der menschlichen Erfahrung sich eingebürgert hat. Psi ist anscheinend unabhängig von raum-zeitlichen Dimensionen. Ob bei einer solchen mit Psi verknüpften außerkörperlichen Erfahrung des Studenten tatsächlich »irgend etwas«, ein Teil der Persönlichkeit, ein vorübergehend vom physischen Organismus getrenntes Bewußtsein, ein »Doppel«, nach außen verlegt wurde, an Ort und Stelle war oder ob es sich um eine traumähnliche Illusion handelt, in die die hellseherische Wahrnehmung eingekleidet war, kann nicht entschieden werden. Das Problem stellt sich natürlich in gleicher Weise auch bei den außerkörperlichen Erfahrungen der klinisch Toten, bei denen die Frage, wieweit Psi dabei beteiligt ist, noch zu diskutieren sein wird.

Das Kardinalproblem, ob bei diesen Erfahrungen wirklich eine irgendwie geartete psychische Entität, ein »Astralleib«, vorübergehend den Körper verläßt, wird in einer besonders markanten Weise in Fällen deutlich, wo ein Exkursionist von einer anderen Person gesehen wird. Hier verknüpft sich das Problem der Seelenexkursion mit dem der Erscheinungen. Ein Sozialpsychologe, Hornell Hart, der wie der Pionier der parapsychologischen Forschung J. B. Rhine an der amerikanischen Duke University tätig ist, hat Fälle dieser Art gesammelt und unter dem Stichwort »travelling clairvoyance« (wanderndes Hellsehen) veröffentlicht[12]. Ein Beispiel: Ein New Yorker Arzt verbringt Tage der Erholung auf einem alten Raddampfer auf dem Mississippi. In seiner Kabine auf dem Bett liegend hat er plötzlich das Gefühl, seinen Körper zu verlassen. Er findet sich wieder im Arbeitszimmer eines Bekannten in New York. Dieser sitzt am Schreibtisch, schaut auf und sagt: Was zum Teufel tust du hier, ich dachte, du seist auf dem Mississippi. Nach einer Phase unscharfer Eindrücke fühlt er sich wieder in seinem Körper. In einem Brief berichtet er den Vorfall seinem Freund in New York. Sein Schreiben kreuzt sich mit einer Anfrage seines Freundes, wie es denn eigentlich zu diesem kurzen Besuch in seinem Studio in New York gekommen sei, wo er ihn in seinem Zimmer gesehen habe, er dann aber gleich wieder verschwunden sei. Die Kardinalfrage, ob bei der außerkörperlichen Erfahrung ein »Etwas« den physischen Leib verläßt, hat sich zugespitzt: Das Etwas wird als Erscheinung von einer anderen Person gesehen. Die Frage läßt sich anhand eines solchen Falles nicht entscheiden. Aber der Hypothese: es war wirklich etwas da in dem Studio in New York, ein feinstofflicher Organismus, ein Astralleib, ein vom physischen Körper des Arztes zeitweise losgelöstes »Doppel«, steht die Alternativhypothese gegenüber: Die Exkursion, die Hinausverlegung des »Astralleibes« – um den esoterischen Ausdruck zu gebrauchen – spielt sich nicht in unserer dreidimensionalen Welt ab, sondern ist die subjektive Einkleidung einer spontan entstandenen telepathischen Verbindung zwischen dem Arzt und seinem Freund. Der Arzt hat telepathisch oder hellseherisch die aktuelle Situation seines Freundes wahrgenommen, der Freund hat unbewußt darauf reagiert und dieses paranormale Angesprochensein in einer Halluzination erlebt: Wie man im Traum einen fernen Menschen sehen kann, sieht der New Yorker Freund den Arzt in einem nach außen projizierten Wachtraum. Das Urteil über die beiden Hypothesen – alternative Hypothesen – bleibt in der Schwebe.

Diese Überlegungen stehen in einer engen Beziehung zu unserem Thema »Thanatologie«. Das Menschheitsproblem »Tod«: Bedeutet er das Erlöschen des physischen Organismus, das definitive Ende, die Destruktion – oder ist Tod ein Übergang in eine andere Existenzform dessen, was wir Psyche, Geist, Geistseele – am einfachsten ausgedrückt durch englisch »mind« – nennen? Außerkörperliche Erfahrungen, in denen eine solche »Geistseele« sich zu verselbständigen scheint, wenn auch in einer noch irgendwie gearteten Beziehung zum physischen Organismus, ermutigen natürlich zu der Hoffnung, daß das nach außen verlagerte Bewußtsein oder der »feinstoffliche Organismus« auch dann weiterexistiert, wenn die Lebensfunktionen des physischen Leibes endgültig aufgehört haben.

Vor kurzem ist in dem amerikanischen »Journal of Nervous and Mental Disease« (Zeitschrift für Nerven- und Geisteskrankheiten) eine Untersuchung über die Frage erschienen, ob zwischen außerkörperlichen Erfahrungen in Todesnähe und in Situationen, die nicht lebensbedrohend sind, Unterschiede festgestellt werden können. Die Autoren, die beiden Psychiater Gabbard und Tremloe und der Psychologe Jones, stellten fest, daß 66 Prozent der 339 Berichterstatter – die beiden Gruppen waren im Verhältnis 9 (nicht lebensbedrohend) zu 1 (Todesnähe) vertreten – ihr Erlebnis mit dem Weiterleben nach dem Tode in Beziehung setzten. Diese zwei Drittel – ich zitiere – »wurden bestärkt, daß es ein Leben nach dem Tode gibt, auch wenn sie sich nicht in Todesnähe befunden hatten. Dies läßt erkennen, daß die Erfahrung der Existenz eines vom Körper getrennten Bewußtseins anscheinend diese Glaubensgewißheit herbeiführt, und zwar gewichtiger als andere spezifische Sterbeerlebnisse.« Zur Frage der Unterschiede kamen sie unter anderem zu dem Ergebnis, daß – im Vergleich zur nicht lebensbedrohenden Situation – die Personen in Todesnähe fühlen, daß sie durch einen Tunnel gehen, ihren physischen Leib von außen betrachten, die Gegenwart von anderen Wesen erfahren, besonders von Verstorbenen, mit denen sie eine enge Beziehung hatten, daß sie einem Lichtwesen mit einer starken Ausstrahlung begegnen und nachher empfinden – ich zitiere die Autoren: »Diese Erfahrung hat einen Sinn. Sie ist von dauernder Wirkung in spiritueller oder religiöser Hinsicht und ändert das Leben.«

Auf der Suche nach einer empirischen Bestätigung des Weiterlebens nach dem Tode hat Karlis Osis ein besonderes Interesse daran, einen experimentellen Nachweis für die Nach-außen-Verlegung des Bewußtseins zu erbringen. Er hat mit dem Sensitiven Alex Tanous im Laboratorium der American Society for Psychical Research Versuche dieser Art mit einem ihn ermutigenden Erfolg unternommen. Der Sensitive hatte über außerkörperliche Erfahrungen berichtet und sollte nun solche Exkursionen im Laboratorium demonstrieren. Er befand sich in einer schalldichten Kammer, fünf Räume von dem Ziel entfernt, nämlich einem »Guckkasten«, in dem durch einen Zufallsgenerator automatisch Zielbilder zusammengestellt wurden, die in bezug auf Form, Position und Farbe jeweils verschieden waren. Man konnte sie nur erkennen, wenn man direkt in ein Guckloch hineinsah. Die korrekte Beschreibung der Zielbilder wurde als Anzeichen genommen, daß »ein Etwas« von dem Sensitiven sich tatsächlich dort befand. Man hatte auch um diese Apparatur herum elektrische Meßstreifen vorgesehen, in der Erwartung, daß sie durch das »Etwas«, durch Psi-Kräfte psychokinetisch aktiviert würden, wenn der Sensitive eine zutreffende Beschreibung der Zielbildkomposition gab. Die Ergebnisse wurden von Osis positiv interpretiert. Es bleibt aber auch hier die alternative Erklärungshypothese offen, daß die anscheinend vom hinausverlegten Bewußtsein gemachten Wahrnehmungen der Zielbilder durch Hellsehen zustande gekommen sind und die Bewirkungen auf den Meßstreifen ein psychokinetischer Distanzeffekt gewesen sind. Osis ist der Auffassung, daß Hellsehen nicht auf die »Gucklochperspektive« gerichtet werden kann, dies müßte aber bewiesen werden. So bleibt es wiederum in der Schwebe, was bei diesen »Seelenexkursionen« des Mediums wirklich geschehen ist.

Karlis Osis hat zusammen mit dem isländischen Parapsychologen Erlendur Haraldsson in dem schon erwähnten Buch »The Hour of Death« berichtet, was Ärzte und Krankenhauspersonal am Sterbebett beobachteten. Dargestellt wird eine umfangreiche, interkulturelle Erhebung bei 442 amerikanischen und 435 indischen Patienten. Das Schwergewicht der Auswertung liegt bei 471 Fällen, in denen die Patienten die Erscheinung von Personen erlebten und bald darauf starben. Die wahrgenommene Person tritt meist in der Funktion auf, den Sterbenden auf den Übergang ins »Jenseits« vorzubereiten oder ihn unmittelbar vor seinem Tode »abzuholen«. Meistens handelt es sich um verstorbene Verwandte, Freunde, hin und wieder auch um eine religiös-mythische Figur, die von den Autoren streng von der Erscheinung einer Person unterschieden wird.

Die Visionen werden nach verschiedenen formalen und inhaltlichen Gesichtspunkten klassifiziert und medizinische, psychologische und allgemeine demographische Merkmale der Patienten – sogenannte Variablen – aufgenommen. Die Ausgangsfrage der beiden Autoren ist, ob sich aus einer Analyse der inhaltlichen und situativen Merkmale solcher Sterbebettvisionen ein Hinweis für das Überleben der menschlichen Seele ableiten läßt. Osis ist dabei wohl stärker engagiert als Haraldsson. Die

Hauptlinie ihrer Argumentation sieht nun folgendermaßen aus: Eine auf das Weiterleben bezogene Erscheinung – etwa eines verstorbenen geliebten Menschen – stellt entweder eine Halluzination, eine Sinnestäuschung, von bloß subjektiver Realität dar oder die außersinnliche Wahrnehmung einer postmortal, das heißt nach dem Tode existierenden Person. Gilt das erste, muß das Auftreten derartiger Erscheinungen von all denjenigen Faktoren abhängen, die Halluzinationen begünstigen, bestimmte Medikamente, bestimmte Krankheiten, abnorme psychische Bedingungen wie hohes Fieber und so weiter. Die statistische Analyse zeigt jedoch, daß diese Beziehung nicht besteht. Ferner müßte der Inhalt solcher subjektiver Halluzinationen von den Wünschen, Erwartungen, Stimmungen und so weiter der Patienten abhängen, was sich ebenfalls statistisch nicht erhärten läßt.

Selbst die religiösen und kulturellen Unterschiede zwischen den Amerikanern und Indern wirken sich kaum aus. Folglich – so schließen die Autoren – besteht Grund zur Vermutung, daß den auf das Weiterleben bezogenen Erscheinungen eine objektive und nicht nur subjektive Realität zukommt, womit dann zugleich die postmortale Existenz der den Patienten erscheinenden Verstorbenen als wahrscheinlich angesehen werden könnte. Ohne auch nur im entferntesten als *Beweis* für das Weiterleben nach dem Tode angesehen werden zu können, macht diese Untersuchung nachdenklich und fordert dazu auf, sie in Beziehung zu dem Moody-Modell der Erlebnisse wiederbelebter klinisch Toter zu bringen, wo ja auch von der Begegnung mit früher Verstorbenen berichtet wird.

Die Interpretation der Jenseitserlebnisse, wie sie die thanatologische Forschung offengelegt hat, geschieht meistens auf der Basis kaum hinterfragter weltanschaulicher Grundpositionen. So zeigt ein kürzlich in der Zeitschrift »Psychologie heute« erschienener Artikel des amerikanischen Psychopharmakologen Ronald K. Siegel »Der Blick ins Jenseits« die Absicht, die Sterbevisionen auf physiologische Vorgänge zu reduzieren[13]. Siegel hält sie für Halluzinationen, die auf bestimmte Reizungen des Zentralnervensystems zurückzuführen seien. Siegel weist vor allem auf die Gemeinsamkeiten hin, die zwischen Sterbebettvisionen und Drogenhalluzinationen bestehen. Und zwar sowohl in bezug auf die Inhalte, als auch auf die Mechanismen des Zustandekommens. In Sterbebettvisionen ist oft die Rede davon, daß man ein helles unbeschreibliches Licht sieht, durch einen Tunnel geht, ein klingendes Geräusch hört, zu einem bekannten Menschen geführt oder von ihm abgeholt wird. Genau die gleichen Beschreibungen geben die Konsumenten von LSD und Mescalin. »Ich raste durch einen Tunnel und hinaus in den Raum« – »Es scheint, als ob ich immer mehr auf die Sonne zufliege, es ist sehr weiß ...« – oder Analogien zur Rückschau auf das Leben in Halluzinationen: »Alles fliegt schnell dahin, wie Bilder in einem Film oder wie Fernsehen, es geschieht direkt vor mir.« Hirnphysiologen haben für jedes dieser Phänomene eine Erklärung bereit: Helles Licht wird zurückgeführt auf eine Reizung des Zentralnervensystems, die halluzinatorisch dasselbe Wahrnehmungserlebnis hervorbringt wie Licht auf der Netzhaut. Mit anderen Worten: die Lichterlebnisse spiegeln die elektrischen Reizungen bestimmter Zellorganisationen im visuellen Cortex des Gehirns wider. Solche Erregungen des Zentralnervensystems sollen einhergehen mit einer funktionellen Desorganisation des Hirnteils, der die einwirkenden Reize reguliert und steuert: das bedeutet Verringerung von Wahrnehmungen aus der Außenwelt und eine Konzentration auf »intern« erzeugte Bilder. Diese inneren Bilder, die in jedem Menschen gespeichert sind und bei dem panoramatischen Erlebnis aus der eigenen Lebensgeschichte genommen werden, kompensieren das Defizit von Außenreizen. Im allgemeinen hemmt der Input an neuer Information von außen das Wiederaufleben und das Bewußtsein von vorherigen Wahrnehmungen und von gespeicherter Information. Wenn dieser Input abnimmt oder gestört wird, das Bewußtsein aber weiter funktioniert – etwa in einem Unfallschock oder während des Sterbens –, werden solche gespeicherten Wahrnehmungen wieder freigesetzt. Sie können nun dynamisch verändert und als Halluzinationen, Traum oder Phantasie erlebt werden. Diese Speicherung von Wahrnehmungen im Gehirn kann aber auch durch Drogen oder durch starke emotionale Erlebnisse freigesetzt werden und eine ganze Zeitlang anhalten.

Die Gemeinsamkeit von Sterbebettvisionen und psychedelischen Halluzinationen, also das Bilderleben im Drogenrausch, ist eine Tatsache. Aber diese Gemeinsamkeit kann ganz anders interpretiert werden, als es Dr. Siegel mit seiner reduktionistischen, auf Hirnmechanismen zurückführenden Theorie tut. In ihrem Buch »The Human Encounter with Death« (Die Begegnung des Menschen mit dem Tod) ziehen Stan Grof und Joan Halifax ebenfalls Parallelen zwischen Erfahrungen in Todesnähe und Erlebnissen im Drogenrausch. Sie vermuten, daß der beteiligte physiologische Vorgang derselbe sein könnte: nämlich die Unterbrechung der Sauerstoffversorgung auf enzymatischer Basis. Nach diesen Autoren führt die Sauerstoffmangelsituation des Individuums einen veränderten Bewußtseinszustand herbei, der seinerseits »unbewußte Muster« aktiviert, die vielleicht mit archaischen Schichten verbunden sind. Diese archaischen Teile – C. G. Jung würde wahrscheinlich vom kollektiven Unbewußten sprechen – enthalten Dispositionen, welche die Kernerfahrungen (Tunnel, Begegnungen, Licht etc.) konstellieren. Mit anderen Worten: Grof und Halifax legen nahe, daß im Augenblick der Lebensgefährdung oder schon des klinischen Todes ein in archetypischen Schichten gespeichertes Programm ausgelöst wird, das zur Entfaltung drängt, und zwar in Form der Einheit der Kernerfahrung. Dieses Programm ist verknüpft mit einem veränderten Bewußtseinszustand, der mit einer anderen Wirklichkeit in Verbindung steht und zu dieser einen Zugang eröffnet, der dem gewöhnlichen Wachzustand verschlossen ist. Die verborgene Wirklichkeit wird nur durch die Aktivierung eines unbewußten Programms zugänglich. Diese Konzeption einer auf Sauerstoffmangel beruhenden physiologischen Änderung des Gehirns erklärt die Kernerfahrung nicht weg, sondern sieht die Bewußtseinsänderung als Antenne für die Aufnahme von Signalen einer anderen Wirklichkeit.

Der Behaviorist Ronald Siegel schreibt in seinem Artikel in »Psychologie heute«, in dem er die Sterbeerlebnisse auf Reizungen des Zentralnervensystems reduziert, folgendes: »Osis und Haraldsson sind davon überzeugt, daß es ein wirkliches Weiterleben nach dem Tode gibt, und sie vermuten, daß nur solche Menschen dies erleben können, die für außersinnliche Wahrnehmung und Telepathie sensibel sind. Wenn jedoch Sterbebettvisionen anderen halluzinatorischen Visionen gleichen, so haben sie vielleicht auch gleiche Ursachen und müssen nicht mit unüberprüfbaren Konstrukten wie einem Leben nach dem Tode, einer Seele oder außersinnlicher Wahrnehmung begründet werden.«

In einer Abhandlung über »Synchronizität« hat der große Züricher Psychologe C. G. Jung den Fall einer Patientin veröffentlicht, den er mir, kurz nachdem er sich ereignet hatte, schon mündlich mitgeteilt hatte[14]: Die Patientin erlitt bei einer schweren Geburt in der Narkose einen Kreislaufkollaps, der Puls setzte aus; in tiefer Ohnmacht mit geschlossenen Augen schien sie tot zu sein. Wiederbelebungsversuche waren erfolgreich. Sie war nach einiger Zeit wieder bei Bewußtsein und berichtete der Pflegerin, sie habe alles von der Decke aus miterlebt. Sie habe sich auf dem Operationsbett liegen sehen und sich über das geradezu hysterische Verhalten des Arztes und seiner Helfer amüsiert. Dabei wußte sie, daß sich hinter ihr eine prachtvolle, in den lebhaftesten Farben leuchtende Landschaft befand. Die Gegend lag in strahlendem Sonnenschein, und alle Farben waren von unbeschreiblichem Glanz. »Ich wußte«, sagte sie, »daß hier der Eingang zu einer anderen Welt war und daß, wenn ich mich umdrehen sollte, um das Bild direkt anzuschauen, ich mich versucht fühlen würde, durch das Tor hinein- und damit aus dem Leben hinauszugehen.« Sie sah diese Landschaft nicht wirklich, da sie ihr den Rücken kehrte, aber sie wußte um sie. Sie war sicher, daß sie wieder zu ihrem Körper zurückkehren und nicht sterben werde, deshalb fand sie die Aufregung des Arztes und der Pflegerinnen dumm und überflüssig. Was sie über den Arzt sagte, wollte man nicht zugeben; als die Patientin aber Einzelheiten berichtete, gab man ihr schließlich recht. Jung kommentiert: »Es ist in der Tat nicht leicht zu erklären, wieso in einem Zustand schweren Kollapses erinnerungsfähige, ungemein intensive psychische Vorgänge stattfinden und wieso bei geschlossenen Augen wirkliche Vorgänge mit konkreten Einzelheiten beobachtet werden können. Man sollte doch nach aller Voraussetzung erwarten, daß eine so deutliche Gehirnblutleere gerade das Zustandekommen hochkomplexer psychischer Vorgänge verhindern würde.« Nach den geltenden hirnphysiologischen Anschauungen, die Siegel vertritt, ist es in der Tat nicht verständlich, daß ein Mensch in tiefer Ohnmacht mit einer schweren Kreislaufstörung und einer daraus folgenden Blutleere des Gehirns noch Wahrnehmungen machen und seine Wahrnehmungen verstehen kann. Für diese Leistung ist eine funktionierende Großhirnrinde erforderlich, die in dem Fall der Patientin von Jung sicherlich blockiert war. Die Patientin muß die Information durch andere Kanäle als die üblichen bekommen haben. Es handelt sich offenbar um eine außersinnliche Wahrnehmung, um ein Psi-Phänomen. Einen ähnlichen Fall, den 1927 ein berühmter Arzt, Sir Auckland Geddes, in der Royal Medical Society vortrug[15], in dem die außersinnliche Wahrnehmung noch sehr viel weiter ging, kommentiert Jung mit der Bemerkung, er weise in die Richtung einer Veränderung der Bewußtseinslokalisation, einer Art von Abtrennung vom Körper, beziehungsweise von der Hirnrinde oder vom Cerebrum, wo man den Sitz des Bewußtseinsphänomens vermutet. Wenn diese Überlegung zu Recht bestehe, sei zu fragen, ob in uns noch ein anderes nervöses Substrat als das Cerebrum denken und wahrnehmen kann und ob es sich bei diesen während der Bewußtlosigkeit stattfindenden psychischen Vorgängen um Ereignisse handle, welche in keiner kausalen Verbindung zu organischen Prozessen stehen. Dem Psychologen Siegel werden solche Fälle nicht ins Konzept passen. Eine außersinnliche Wahrnehmung ist für ihn ein unüberprüfbares Konstrukt, das heißt eine Annahme, die wissenschaftlich nicht nachgeprüft werden kann. Das ist falsch, man kann solche Phänomene beobachten und auch im Experiment darstellen, wenn sie auch noch nicht erklärbar sind[16]. Was man allerdings zur Zeit mit den Mitteln der geltenden wissenschaftlichen Methode nicht ohne Alternativhypothesen entscheiden kann, ist die Frage des Weiterlebens nach dem Tode. Zur Zeit kann man nur folgendes sagen: Die Parapsychologie kann darauf hinweisen, daß eine Psyche, die Raum und Zeit überschreitet, die also außerhalb des raum-zeitlichen Kontinuums zu wirken imstande ist, weit eher noch als eine unabhängig von einem lebenden Organismus existierende gedacht werden kann, als etwa das Surrogat einer Psyche in einer materialistisch-mechanistischen Auffassung des Menschen.

Von den Sterbeerfahrungen, die eine verborgene Wirklichkeit

zu eröffnen scheinen, wissen wir, weil die Beinahe-Toten wiederbelebt werden konnten. Was aber mit der in diesen Fällen vom Körper vorübergehend getrennten Geistseele geschieht, wenn der physische Leib endgültig tot ist, bleibt ein Geheimnis.

Anmerkungen

1 E. Kübler-Ross, Interviews mit Sterbenden. Stuttgart [6]1973.
2 R. Moody, Leben nach dem Tode. Reinbek 1977.
3 K. Osis u. E. Haraldsson, Der Tod – ein neuer Anfang. Freiburg 1978.
4 S. Grof u. J. Halifax, The Human Encounter with Death. New York 1977.
5 M. Rawlings, Beyond Death's Door. Nashville 1978.
6 J. Bahle, Keine Angst vor dem Sterben. Hemmenhofen 1963.
7 J. C. Hampe, Sterben ist doch ganz anders. Stuttgart 1975.
8 K. Ring, Life at Death. New York 1980.
9 P. Ariès, Studien zur Geschichte des Todes im Abendland. München 1976.
10 H. Bender, Unser sechster Sinn. Nachwort: Parapsychologie 1981. München 1981.
11 C. Green, Out-of-the-Body Experiences. London 1968.
12 H. Hart, ESP Projection. In: Journal of the American Society for Psychical Research 48, 1954, S. 121–146.
13 R. K. Siegel, Der Blick ins Jenseits – eine Halluzination? In: Psychologie heute, Arpil 1981, S. 22–33.
14 C. G. Jung, Synchronizität als ein Prinzip akausaler Zusammenhänge. In: Naturerklärung und Psyche. Ges. W. 8. Zürich 1952.
15 Bericht in: G. N. M. Tyrrell, Mensch und Welt in der Parapsychologie. Übersetzt von H. Bender und I. Strauch. Bremen 1972. S. 218 ff.
16 Über außersinnliche Wahrnehmung in »außerkörperlichen Erlebnissen«: S. J. Blakmore, Beyond the Body. London 1982, S. 177–188. (In diesem Buch ein Literaturverzeichnis mit 159 Titeln.)

Literatur

P. Ariès, Studien zur Geschichte des Todes im Abendland. (Hanser) München 1976

J. Bahle, Keine Angst vor dem Sterben. (Kulturpsychologischer Verlag) Hemmenhofen 1963

A. Geddes, A Voice from the Grandstand. Address to the Royal Medical Society, 26. Februar 1927.

C. Green, Out-of-the-Body Experiences. (Hamilton) London 1968

S. Grof und J. Halifax, The Human Encounter with Death. (Dutton) New York 1977

J. C. Hampe, Sterben ist doch ganz anders. (Kreuz-Verlag) Stuttgart 1975
C. G. Jung: Synchronizität als ein Prinzip akausaler Zusammenhänge (1952). Gesammelte Werke Bd. VIII. (Walter) Olten und Freiburg i. Br. 1971, S. 475 bis 578.
E. Kübler-Ross, Interviews mit Sterbenden. (Kreuz) Stuttgart [6] 1973
R. A. Moody, Leben nach dem Tod. (Rowohlt) Reinbek 1977
K. Osis, Deathbed Observations by Physicians and Nurses. (Parapsychology Foundation) New York 1961
K. Osis und E. Haraldsson, Der Tod – ein neuer Anfang. (Bauer) Freiburg 1978
M. Rawlings, Beyond Death's Door. (Nelson) Nashville 1978
K. Ring, Life at Death: A Scientific Investigation of the Near-Death Experience. (Coward, McCann, Geoghegan) New York 1980
R. K. Siegel, Der Blick ins Jenseits – eine Halluzination? In: Psychologie heute, 8 (4), 1981, S. 22–33.

Serie Piper

Franz Alt   Frieden ist möglich. SP 284
Jürg Aman   Franz Kafka. SP 260
Stefan Andres   Wir sind Utopia. SP 95
Ernest Ansermet/J.-Claude Piguet   Gespräche über Musik. SP 74
Hannah Arendt   Macht und Gewalt. SP 1
Hannah Arendt   Rahel Varnhagen. SP 230
Hannah Arendt   Über die Revolution. SP 76
Hannah Arendt   Vita activa oder Vom tätigen Leben. SP 217
Hannah Arendt   Wahrheit und Lüge in der Politik. SP 36
Hannah Arendt   Walter Benjamin – Bertolt Brecht. SP 12
Atomkraft – ein Weg der Vernunft? Hrsg. v. Philipp Kreuzer/ Peter Koslowski/Reinhard Löw. SP 238
Hansjochem Autrum   Menschliches Verhalten als biologisches Problem. SP 148
Alfred J. Ayer   Die Hauptfragen der Philosophie. SP 133
Ingeborg Bachmann   Frankfurter Vorlesungen. Probleme zeitgenössischer Dichtung. SP 205
Ingeborg Bachmann   Die gestundete Zeit – Anrufung des Großen Bären. SP 78
Ingeborg Bachmann   Die Wahrheit ist dem Menschen zumutbar. SP 218
Ingeborg Bachmann   Das Honditschkreuz. SP 295
Wolf Graf von Baudissin   Nie wieder Sieg! Hrsg. von Cornelia Bührle/ Claus von Rosen. SP 242
Hans Bender   Zukunftsvisionen, Kriegsprophezeiungen, Sterbeerlebnisse. SP 246
Bruno Bettelheim   Gespräche mit Müttern. SP 155
Klaus von Beyme   Interessengruppen in der Demokratie. SP 202
Klaus von Beyme   Parteien in westlichen Demokratien. SP 245

Serie Piper

Klaus von Beyme Das politische System der Bundesrepublik Deutschland. SP 186
Klaus von Beyme Die politischen Theorien der Gegenwart. SP 211
Tadeusz Borowski Bei uns in Auschwitz. SP 258
Karl Dietrich Bracher Zeitgeschichtliche Kontroversen. SP 142
Alfred Brendel Nachdenken über Musik. SP 265
Hanne-Lore von Canitz Hochleistungssport Sex. SP 149
Raymond Cartier Der Zweite Weltkrieg, Band I SP 281, Band II SP 282, Band III SP 283
Horst Cotta Der Mensch ist so jung wie seine Gelenke. SP 275
Carl Dahlhaus Musikalischer Realismus. SP 239
Ralf Dahrendorf Pfade aus Utopia. SP 101
Hilde Domin Von der Natur nicht vorgesehen. SP 90
Hilde Domin Wozu Lyrik heute. SP 65
Hans Eggers Deutsche Sprache im 20. Jahrhundert. SP 61
Irenäus Eibl-Eibesfeldt Liebe und Haß. SP 113
Jürg Federspiel Museum des Hasses. SP 220
Joachim C. Fest Das Gesicht des Dritten Reiches. SP 199
Iring Fetscher Herrschaft und Emanzipation. SP 146
Iring Fetscher Überlebensbedingungen der Menschheit. SP 204
Iring Fetscher Der Marxismus. SP 296
Asmus Finzen Die Tagesklinik. SP 158
Andreas Flitner Spielen – Lernen. SP 22
Fortschritt ohne Maß? Hrsg. Reinhard Löw/Peter Koslowski/ Philipp Kreuzer. SP 235
Viktor E. Frankl Die Sinnfrage in der Psychotherapie. SP 214
Friedenserziehung in der Diskussion Hrsg. von Christoph Wulf. SP 64
Richard Friedenthal Goethe. SP 248

Serie Piper

Richard Friedenthal Luther. SP 259
Richard Friedenthal Leonardo da Vinci. SP 299
Walther Gerlach/Martha List Johannes Kepler. SP 201
Goethe – Ein Denkmal wird lebendig Hrsg. von Harald Eggebrecht. SP 247
Erving Goffman Interaktion: Spaß am Spiel/Rollendistanz. SP 62
Helmut Gollwitzer Was ist Religion? SP 197
Martin Greiffenhagen Das Dilemma des Konservatismus in Deutschland. SP 162
Norbert Greinacher Die Kirche der Armen. SP 196
Grundelemente der Weltpolitik Hrsg. von Gottfried K. Kindermann. SP 224
Olaf Gulbransson Es war einmal. SP 266
Olaf Gulbransson Und so weiter. SP 267
Wolfram F. Hanrieder Fragmente der Macht. SP 231
Bernhard Hassenstein Instinkt Lernen Spielen Einsicht. SP 193
Bernhard Hassenstein/Helma Hassenstein Was Kindern zusteht. SP 169
Elisabeth Heisenberg Das politische Leben eines Unpolitischen. SP 279
Werner Heisenberg Tradition in der Wissenschaft. SP 154
Jeanne Hersch Karl Jaspers. SP 195
Elfriede Höhn Der schlechte Schüler. SP 206
Peter Hoffmann Widerstand gegen Hitler. SP 190
Hospitalisierungsschäden in psychiatrischen Krankenhäusern. Hrsg. von Asmus Finzen. SP 82
Peter Huchel Die Sternenreuse. SP 221
Aldous Huxley Die Kunst des Sehens. SP 216
Aldous Huxley Moksha. SP 287

Serie Piper

Joachim Illies Kulturbiologie des Menschen. SP 182
François Jacob Das Spiel der Möglichkeiten. SP 249
Karl Jaspers Augustin. SP 143
Karl Jaspers Die Atombombe und die Zukunft des Menschen. SP 237
Karl Jaspers Chiffren der Transzendenz. SP 7
Karl Jaspers Einführung in die Philosophie. SP 13
Karl Jaspers Kleine Schule des philosophischen Denkens. SP 54
Karl Jaspers Lao-tse – Nagarjuna. SP 180
Karl Jaspers Die maßgebenden Menschen. SP 126
Karl Jaspers Philosophische Autobiographie. SP 150
Karl Jaspers Der philosophische Glaube. SP 69
Karl Jaspers Plato. SP 147
Karl Jaspers Die Schuldfrage. SP 191
Karl Jaspers Spinoza. SP 172
Karl Jaspers Strindberg und van Gogh. SP 167
Karl Jaspers Von der antiken zur christlichen Metaphysik. SP 192
Karl Jaspers Wahrheit und Bewährung. SP 268
Karl Jaspers Vom Ursprung und Ziel der Geschichte. SP 298
Karl Jaspers/Rudolf Bultmann Die Frage der Entmythologisierung. SP 207
Walter Jens Fernsehen – Themen und Tabus. SP 51
Walter Jens Die Verschwörung – Der tödliche Schlag. SP 111
Walter Jens Von deutscher Rede. SP 277
… keiner, dem Geschichte nicht etwas Wichtiges zu sagen hätte
Hrsg. von Udo Reiter. SP 159
Milko Kelemen Klanglabyrinthe. SP 208
Leszek Kolakowski Gespräche mit dem Teufel. SP 109
Leszek Kolakowski Der Himmelsschlüssel. SP 232
Leszek Kolakowski Der Mensch ohne Alternative. SP 140

Leszek Kolakowski Die Philosophie des Positivismus. SP 18
Christian von Krockow Mexiko. SP 85
Christian von Krockow Sport, Gesellschaft, Politik. SP 198
August Kühn Westend-Geschichte. SP 38
Hans Küng Die Kirche. SP 161
Hans Küng 24 Thesen zur Gottesfrage. SP 171
Hans Küng 20 Thesen zum Christsein. SP 100
Salcia Landmann Der ewige Jude. SP 97
Hans Lenk Wozu Philosophie? SP 83
Konrad Lorenz Die acht Todsünden der zivilisierten Menschheit. SP 50
Konrad Lorenz/Franz Kreuzer Leben ist Lernen. SP 223
Lust am Denken Hrsg. von Klaus Piper. SP 250
Franz Marc Briefe aus dem Feld. SP 233
Yehudi Menuhin Ich bin fasziniert von allem Menschlichen. SP 263
Christa Meves Verhaltensstörungen bei Kindern. SP 20
Alexander Mitscherlich Auf dem Weg zur vaterlosen Gesellschaft. SP 45
Alexander Mitscherlich/Margarete Mitscherlich Eine deutsche Art zu lieben. SP 2
Alexander Mitscherlich/Margarete Mitscherlich Die Unfähigkeit zu trauern. SP 168
Margarete Mitscherlich Das Ende der Vorbilder. SP 183
Christian Morgenstern Werke. Band I SP 271, Band II SP 272, Band III SP 273, Band IV SP 274
Ernst Nolte Der Weltkonflikt in Deutschland. SP 222
Leonie Ossowski Mannheimer Erzählungen. SP 88
Leonie Ossowski Zur Bewährung ausgesetzt. SP 37
Pier Paolo Pasolini Teorema oder Die nackten Füße. SP 200

Pier Paolo Pasolini Vita Violenta. SP 240
P.E.N.-Schriftstellerlexikon Hrsg. von Martin Gregor-Dellin/ Elisabeth Endres. SP 243
Jean Piaget Das Recht auf Erziehung und Die Zukunft unseres Bildungssystems. SP 128
Harry Pross Politik und Publizistik in Deutschland seit 1945. SP 213
Ludwig Rausch Strahlenrisiko!? SP 194
Fritz Redl/David Wineman Steuerung des aggressiven Verhaltens beim Kind. SP 129
Hans Sachsse Was ist Sozialismus? SP 188
Hans Schaefer Plädoyer für eine neue Medizin. SP 225
Hermann Scheer Parteien kontra Bürger? SP 209
Wolfgang Schmidbauer Heilungschancen durch Psychotherapie. SP 127
Wolfgang Schmidbauer Sensivitätstraining und analytische Gruppendynamik. SP 56
Robert F. Schmidt/Albrecht Struppler Das Buch vom Schmerz. SP 241
Gerd Seitz Erklär mir den Fußball. SP 5002
Kurt Sontheimer Die verunsicherte Republik. SP 189
Sozialdemokraten im Kampf um die Freiheit Hrsg. von Gert Gruner/ Manfred Wilke. SP 226
Robert Spaemann Rousseau – Bürger ohne Vaterland. SP 203
Die Stimme des Menschen Gesammelt und hrsg. von Hans W. Bähr. SP 234
Jürgen Peter Stössel Psychopharmaka – die verordnete Anpassung. SP 33
A. J. Taylor Bismarck. SP 228

Hans Peter Thiel/Ferdinand Anton Erklär mir die Entdecker. SP 5001
Ludwig Thoma Heilige Nacht. SP 262
Ludwig Thoma Moral. SP 297
Ernst Topitsch Die Sozialphilosophie Hegels als Heilslehre und Herrschaftsideologie. SP 156
Cosima Wagner Die Tagebücher. Bd. 1 SP 251, Bd. 2 SP 252, Bd. 3 SP 253, Bd. 4 SP 254
Richard Wagner Mein Denken. Hrsg. von Martin Gregor-Dellin. SP 264
Mario Wandruszka Interlinguistik: Umrisse einer neuen Sprachwissenschaft. SP 14
Paul Watzlawick Wie wirklich ist die Wirklichkeit? SP 174
Der Weg ins Dritte Reich. SP 261
Wolfgang Wickler/Uta Seibt männlich – weiblich. SP 285
Johannes Wickert Issac Newton. SP 215
Wolfgang Wieser Konrad Lorenz und seine Kritiker. SP 134
Gabriele Wohmann Heiratskandidaten. SP 175
Wilhelm Worringer Abstraktion und Einfühlung. SP 122
Heinz Zahrnt Aufklärung durch Religion. SP 210
Dieter E. Zimmer Der Mythos der Gleichheit. SP 212
Dieter E. Zimmer Die Vernunft der Gefühle. SP 227